CRWYDRO CEREDIGION

Crwydro
Celtaidd

LYN EBENEZER

Yn seiliedig ar y cyfresi teledu gan
Deledu Seiont Cyf. i S4C

HUGHES

Argraffiad cyntaf: Rhagfyr 1996

ISBN 0 85284 207 4

Dymuna'r cyhoeddwyr gydnabod cymorth
Adrannau Cyngor Llyfrau Cymru.

Cysodwyd ac argraffwyd gan
Wasg Dinefwr, Heol Rawlings, Llandybïe, Sir Gaerfyrddin.

Cyhoeddwyd gan
Hughes a'i Fab, Parc Tŷ Glas, Llanisien, Caerdydd CF4 5DU.

Cynnwys

Diolchiadau

Atgynhyrchir y geiriau canlynol trwy ganiatâd caredig Sain Cyf.,
Llandwrog, Gwynedd:

tud. 110: 'Rue St Michel'

tud. 126: 'Erwan'

tud. 131: 'Douarnenez'

ⓗ Cyhoeddiadau Sain.

Diolch i blant Ambrose Bebb am y caniatâd caredig i ddyfynnu
y darnau o 'Llydaw'.

Diolch i Prys ac Owen Edwards am y caniatâd caredig i ddyfynnu
O. M. Edwards.

Diolch i Gerallt Lloyd Owen am y caniatâd caredig i ddyfynnu'r
englyn ar dudalen 132.

Diolch i Elwyn Williams ac Iwan Llwyd am y caniatâd caredig i
ddyfynnu 'Bar Ty Coz' ar dudalen 145.

Rhagair

Syniad gan Ioan Roberts, cyfarwyddwr gyda chwmni Teledu Seiont, fu ffilmio taith drwy Iwerddon, syniad a gafodd sêl bendith S4C yn 1994.

Mae Ioan, fel finne, yn Iwerddon-garwr ac yn Wyddel-garwr ers blynyddoedd ac mae e wedi treulio gwyliau yn ei nefoedd fach bersonol, Ballyferriter, yn ddi-dor, bron, ers dros chwarter canrif.

Gan fod i'r wlad bedair talaith roedd y cyfan yn ffitio'n dwt i fframwaith pedair rhaglen o dan y teitl cyffredinol **Pedwar Cae**, hen ddelwedd o Iwerddon o'r dyddiau pan na châi'r Gwyddel yr hawl i yngan enw'i wlad ei hun. Fe gyfansoddwyd cân, **Four Green Fields**, gan Tommy Makem a cherddoriaeth y gân honno oedd yn cychwyn ac yn cloi pob rhaglen.

O ran ffeithiau moel fe olygodd **Pedwar Cae** dri ymweliad, 28 diwrnod o ffilmio, dros 3,000 o filltiroedd o deithio a saethu tri dwsin o dapiau hanner awr.

Gan i **Pedwar Cae** lwyddo, fe dderbyniwyd cais Ioan am ffilmio cyfres debyg yn 1995, **Y Ffordd i John O'Groats**. Doedd yr Alban ddim yn ffitio mor dwt o fewn fframwaith pedair rhaglen, ond ar ôl chwysu uwchben mapiau am wythnosau fe lwyddodd Ioan i gael siâp ar bethau.

Rhywbeth yn debyg oedd y daith hon eto o ran milltiroedd ac o ran nifer y dyddiau ffilmio a'r tapiau, ond gwnaed y cyfan yn ystod dau ymweliad y tro hwn.

O ran nifer gwylwyr bu'r ymateb i'r gyfres hon hyd yn oed yn fwy llwyddiannus na'r gyntaf ac fe gytunodd S4C â chais Ioan am gael ffilmio trydedd daith, y tro hwn yn Llydaw, y daith fwyaf anodd ohonynt i gyd o ran pellter a gwaith. Y tro hwn fe wnaethom deithio dros 4,000 o filltiroedd yn ystod dau ymweliad, ar gyfer 27 diwrnod o ffilmio, ac fe saethwyd 45 o dapiau casét. Marathon o daith a olygodd dreulio nosau mewn cynifer â dwsin o wahanol westai a dwy noson mewn caban llong.

Tair gwlad Geltaidd, felly, mewn tair blynedd a minnau erbyn hyn yn *Celtic loony* go iawn.

PEDWAR CAE

'What did I have?' said the proud old woman,
'What did I have?' that proud old woman did say.
'I had four green fields, each one was a jewel ...'

Tommy Makem

Leinster

Ymwthia penrhyn Hook Head ei hun i'r môr fel bawd cawr rhwng Bae Ballyteige ac aber y Barrow yn ne Sir Wexford. Mae'n lle garw ac unig gyda sgrechian gwylanod fel cri eneidiau coll yn cystadlu am yr uchaf ag oernad y gwynt. Ac mae'r glaw mân fel petai'n hofran yn ddi-baid dros y goleudy a'r creigiau didostur sydd o'i gwmpas.

Goleudy Hook Head yw'r hynaf yn Ewrop. Ond ddeuddeg canrif yn ôl, cyn bod goleudy, fe ddaeth cenhadwr o Gymru draw i gynnig goleuni mewn mwy nag un ystyr. Ei enw oedd Dubhan, sy'n golygu bachyn, a phan ymsefydlodd ei hun ar y penrhyn danheddog, diffaith fe arswydodd o weld effaith y fath fôr ar longau a yrrid dro ar ôl tro ar y creigiau. Ateb Dubhan oedd gosod brwyn mewn twba a'u cynnau er mwyn rhybuddio llongwyr o'r perygl.

Un fantais o gychwyn fy nhaith mewn mangre mor stormus â Hook Head oedd y sicrwydd y byddai pethe'n siŵr o wella. Ac felly y bu wrth i mi bererindota drwy Leinster, y dalaith agosaf at Gymru. Ac mae 'na gysylltiadau clòs rhwng y dalaith a Chymru, cysylltiadau sy'n mynd yn ôl dipyn pellach na chychwyn y gwasanaeth fferri rhwng Abergwaun a Rosslare.

Mae'n debyg fod yr elfen 'Lein' yn enw'r dalaith yn tarddu o'r un gwraidd â Llŷn. Ac mae cysylltiad clòs rhwng Abaty Tintern ar arfordir Wexford a Chymru. Yn y flwyddyn 1200 roedd William Marshall, Iarll Penfro, yn croesi ar long pan gododd storm enbyd. Fe ofynnodd i'w wraig a'r criw benlinio mewn gweddi ac addunedodd, petaen nhw'n cael eu harbed, y byddai'n codi abaty lle bynnag y byddai'r llong yn glanio. Fe laniodd y llong mewn bae tawel wrth

11

geg dyffryn ac fe gadwodd yr Iarll at ei air. Mae adfeilion yr abaty yn cael eu hadfer ar hyn o bryd.

Ac nid yr hen Dubhan oedd yr unig genhadwr i fynd o Gymru i Wexford. Yn Oylgate mae ymroddiad cryf i Ddewi Sant o ganlyniad i ddylanwad y cenhadon Cristnogol cyntaf. Cysegrwyd eglwys a mynwent i enw Dewi ac er i'r rheiny lwyr ddiflannu mae ffynnon fendithiol yn aros yno hyd heddiw. Yn eironig fe saif gerllaw rhes o dai brics a godwyd gan deulu Power fel cartrefi i weithwyr yn eu distyllfy wisgi enwog.

Ac yn 1169 fe laniodd milwyr Cymreig, Normanaidd a Ffleminaidd, a huriwyd gan y Brenin Dermot Mac Murrough, ar ynys Bannow mewn ymgais i drechu'r Llychlynwyr. Ond peidiodd â bod yn ynys yn 1684 pan siltiwyd y sianel rhyngddi a'r tir mawr.

Mae'r cysylltiad gweledol amlycaf rhwng Wexford a Chymru ym Marwniaeth Forth. Ym mhentre Tagoat mae amgueddfa'r Yola, rhyw Sain Ffagan o le ar raddfa lawer llai. Cymysgedd o Gymry a Ffrancwyr ynghyd â rhai Daniaid a Saeson oedd yr Yola a ymunodd gyda Strongbow, Iarll Penfro, yn dilyn y goresgyniad Normanaidd wyth canrif yn ôl. Mae tafodiaith yr ardal, ymhlith y genhedlaeth hŷn, yn dal i gynnwys geiriau ac ymadroddion sydd wedi goroesi o iaith y Yola, sef cymysgedd o Gymraeg, Ffrangeg, Gwyddeleg, Daneg a Saesneg, rhywbeth y gellid ei alw'n fwngreliaith, mae'n debyg.

Nid yn y gorffennol yn unig y mae Cymru wedi croesi'r môr i ymsefydlu yn Iwerddon. Mae'r arferiad yn digwydd o hyd. Fe ymfudodd Gwyn Jones o Fae Colwyn i Iwerddon dros ugain mlynedd yn ôl a bu'n rhentu fferm yn Ballycogley ger Rosslare am dros bymtheg mlynedd.

Rwy wedi hen ddysgu disgwyl yr annisgwyl yn Iwerddon. Ond eto i gyd roedd hi'n dipyn o sioc gweld gyrr o wartheg oedd yn cynhyrchu mwy o laeth ar ddydd Sul nag ar weddill dyddiau'r wythnos am eu bod nhw'n cael clywed *Caniadaeth y Cysegr* yn eu parlwr godro. Ond roedd Gwyn yn tystio i wirionedd hynny.

Hiraeth am Gymru, neu o leiaf am un o nodweddion Cymru, fu'n gyfrifol am i Gwyn osod set radio, wedi'i thiwnio i Radio

Cymru, yn y parlwr godro. Mewn gwlad Gatholig fel Iwerddon teimlai Gwyn fwy o hiraeth am ganu cynulleidfaol na dim byd arall a dyna pam nad oedd ef, na'r gwartheg, fyth yn methu *Caniadaeth y Cysegr* ar bnawn dydd Sul.

Roedd Gwyn yn rhentu fferm lwyddiannus iawn, Silverspring. Ynghlwm wrthi roedd yna dŷ helaeth, braf o bensaernïaeth Sioraidd, tŷ yn gweddu i'r dim i fridiwr ceffylau rasio pwynt-i-bwynt. A bu Gwyn yn llwyddiannus iawn fel bridiwr, gydag un ceffyl yn arbennig, *Fixtures Secretary*, yn cael ei werthu a'i gadw mewn stablau yn Cheltenham. Fe enwyd y ceffyl yn *Fixtures Secretary*, gyda llaw, oherwydd mai Gwyn oedd ysgrifennydd Cynghrair Pêldroed Ieuenctid Wexford.

Ystyrir Iwerddon fel un o wledydd mwyaf llwyddiannus y byd o ran magu ceffylau rasio, a Wexford yw'r sir fwyaf ffrwythlon yn y maes hwnnw yn Iwerddon. Mae llwyddiant bridwyr a hyfforddwyr Gwyddelig yn chwedl ledled y byd, sy'n gwneud llwyddiant Gwyn, fel mewnfudwr o Gymru, yn gryn gamp. Ond doedd ganddo ddim ond gair da i'w gyd-ffermwyr.

'Wrth adael Cymru, y sylw gefais i gan fwy nag un Cymro oedd mai ffermwyr gwael yw'r Gwyddelod,' meddai. 'Ond o fyw yma fe fedra i ddweud mai'r Gwyddelod yw'r ffermwyr gorau yn y byd.'

Ymfudo o fath arall a wnaed mewn ardal wledig yn Swydd Meath. Mae rhywun, wrth feddwl am gadarnleodd yr Wyddeleg, yn dueddol o edrych tua'r gorllewin gwyllt. Syndod, felly, oedd canfod *Gaeltacht*, sef ardal lle mae'r iaith frodorol yn cael ei siarad yn helaeth, yn Meath, heb fod ymhell o Ddulyn. Dychmygwch bentre cyfan yng nghyffiniau Caerdydd lle mae pawb yn siarad Cymraeg a phlant a phobol ifainc o weddill y wlad yn heidio yno i ddysgu'r iaith. Pentre felly, lle mae pawb yn siarad Gwyddeleg, yw Ráth Cairn.

Pan oedd Adfer yn pregethu dros y Fro Gymraeg 'nôl ar ddechre'r '70au fe ddaeth yna adwaith ffyrnig o gyfeiriad rhai pobol. Eto i gyd, mae Ráth Cairn yn profi y gall creu cadarnle ieithyddol lwyddo. A chael ei chreu wnaeth *Gaeltacht* Ráth Cairn.

Pentre bach gwasgaredig, digon tebyg i Ffair Rhos, yw Ráth Cairn. Ac arbrawf gan y Llywodraeth 'nôl yn y '30au fu'n gyfrifol am y fenter. Yn 1935 symudwyd 17 o deuluoedd ar draws gwlad o *Gaeltacht* dlawd Connemara i chwilio am laeth a mêl yng nghanoldir ffrwythlon Meath. Fe glustnododd y Llywodraeth tua ugain erw o dir i bob teulu, ynghyd â dwy fuwch, dwy ddafad, dau fochyn a manion eraill, er mwyn dechrau bywyd newydd mewn rhyw Batagonia fewnol. Yn ôl hanesydd lleol fu'n sgwrsio â mi, roedd mwy o ramant nag o sail economaidd i'r cynllun yn y bôn.

'Roedd e'n hen deimlad rhamantus, cenedlaethol, credu mai dim ond yn y *Gaeltacht* roedd y bywyd go iawn i'w gael,' meddai Liam Mac Coill. 'Ar y llaw arall, roedd pobol y *Gaeltacht* yn dlawd iawn. Doedd dim gwaith ganddyn nhw, roedd y ffermydd yn rhy fach ac roedd gwaith yn America wedi peidio. Felly roedd y Llywodraeth yn ceisio gwneud rhywbeth i roi tir da i'r tlodion.'

Prin fod ugain erw, er ei fod yn dir da, yn ddigon i gynnal teuluoedd mawr. Ond dilynodd rhagor o deuluoedd Connemara eu cyn-gymdogion dros y blynyddoedd nesa i sefydlu tair *Gaeltacht* newydd yn Meath. Ráth Cairn oedd y cryfaf o'r tair.

Deuddeg oed oedd Sean O'Connaire pan newidiwyd ei fywyd yn Ebrill 1935. Roedd e'n cofio fel ddoe y daith mewn bws o Gonnemara, taith ddeuddeg awr a gymerai deirawr heddiw. Roedd pobol Ráth Cairn wedi paratoi gwledd ar eu cyfer ond roedd y plant wedi blino gormod i'w bwyta.

Er iddo adael Connemara ers ymron drigain mlynedd pan welsom ni ef, roedd stamp pobol y mawndir a'r môr yn annileadwy ar ei wyneb.

'Drannoeth i ni gyrraedd roedd dau ddyn y tu allan yn gweithio ar y ffordd,' meddai. 'Fe aethon ni allan i'w gweld a dyma nhw'n cyfarch Mam – "*Cead míle failte*" – can mil croeso, yr unig Wyddeleg oedd ganddyn nhw. Ond fe wnaeth hynny ni'n hapus iawn.'

Ond chafodd yr ymsefydlwyr cyntaf, y *Galtees* fel y'u gelwid, ddim cymaint o groeso gan bawb. 'Fe fu 'na ambell ffrwgwd ddigon cas. Doedd y trigolion ddim yn hoffi'r syniad,' medd Liam

Mac Coill. 'Teimlo roedden nhw, "Wel, ry'n ninnau yma yn ceisio cael gwaith, ry'n ninnau yma yn ceisio cael tir. Pam mae'r *Galtees* yma yn dod i'n bro ni ac yn cymryd ein tir a'n gwaith ni?" '

Ond cyn hir fe welodd pawb fod iaith a gwaith yn medru cynnal ei gilydd yn Ráth Cairn. Heddiw mae'r coleg Gwyddeleg yn tynnu cannoedd o ddysgwyr i'r ardal ac mae pob un o'r boblogaeth o 400 sy'n byw yn y fro yn medru Gwyddeleg, a dwy ran o dair ohonynt yn ei defnyddio fel iaith bob dydd. Llwyddiant, felly?

'Siŵr o fod,' medd Liam, 'er gwaetha ambell broblem – mae hi'n rhy fach, mae rhai yn priodi cymar sydd ddim yn siarad Gwyddeleg ac yn codi teulu drwy'r Saesneg, ond mae pobol yn dal i fyw yma, yn dal i siarad Gwyddeleg ac yn mwynhau byw yma.'

Os oedd canfod ynys o Wyddeleg o fewn cyrraedd hawdd i Ddulyn a gweld gyrr o wartheg oedd yn mwynhau *Caniadaeth y Cysegr* yn bethau annisgwyl, roedd rhyfeddach i ddod. Draw yn Sir Kildare fe ges i brofiad anhygoel. Dyna'r tro cyntaf erioed i mi gael y fraint amheus o ysgwyd llaw dyn oedd wedi marw ers ymron ddwy ganrif.

Ym mhentre bach Kilcullen, nid nepell o'r Curragh, fe saif tafarn yr Hideout, tafarn anarferol a dweud y lleiaf. Rhyw Arch Noa o far yw'r Hideout sy'n llawn o bob math o greaduriaid wedi'u stwffio. Yno hefyd mae amrywiaeth o drugareddau, yn cynnwys papur teirpunt a'i blât argraffu gwreiddiol, a phropeler awyren a blymiodd i'r ddaear gerllaw.

Ond yr eitem ryfedda, yn ddi-os, ym mar Des Byrne, y tafarnwr, yw braich dde bocsiwr o'r enw Dan Donnelly, pencampwr lleol a roddodd grasfa i bencampwr Lloegr, George Cooper. Mae'r fraich i'w gweld o hyd mewn cas gwydr yn y bar; braich sydd, erbyn hyn, mor wydn ac mor frown â lledr. Ond nid chwedl mo'r stori y tu ôl i'r fraich, ond ffaith.

Prif nodwedd gorfforol Dan Donnelly oedd hyd ei freichiau. Fe allai, yn ôl yr hanes, fotymu gwaelod coesau ei glos pen-glin heb blygu.

Darganfuwyd gallu Dan fel bocsiwr gan ffermwr bonheddig lleol, rhyw Gapten Kelly, ac fe anogodd hwnnw ef i gymryd at y gelfyddyd aruchel. A buan y daeth Dan yn ddigon abl i herio pencampwr y Saeson, George Cooper, yn 1815, filltir neu ddwy o'r Hideout mewn mangre a gaiff ei hadnabod hyd heddiw fel Donnelly's Hollow. Fe lwyddodd y Gwyddel i roi cweir i'r Sais er mawr ddathlu yn Kilcullen a thrwy Kildare a thu hwnt.

Yn anffodus fe ddisgynnodd yr hen Dan yn ysbail i'r dablen a bu farw o alcoholiaeth; un rheswm, hwyrach, pam fod ei fraich wedi'i phiclo mor dda. Beth bynnag, fe wnaeth rhywrai ddwyn corff y bocsiwr a'i werthu i rywun o'r byd meddygol ar gyfer ei ddatgymalu a'i astudio. Ond pan glywodd y bobl leol am hyn fe fu storm o brotest a chyflwynodd y meddyg a oedd wedi prynu'r corff y gweddillion yn ôl i'r ardalwyr. Ond roedd y fraich dde eisoes wedi'i datgymalu.

Am flynyddoedd bu'r fraich yn destun chwilfrydedd mewn syrcas deithiol yn yr Alban, ond trwy ddirgel ffyrdd fe'i cyflwynwyd yn ôl i dad y tafarnwr presennol. A phan wnes i alw yn yr Hideout fe fu Des Byrne yn ddigon caredig i dynnu'r fraich o'r cas gwydr a'i gosod yn fy nwylo ac fe lwyddais i ysgwyd llaw yr hen Dan a'i longyfarch, braidd yn hwyr, mae'n wir, ar ei orchest yn llorio'r pencampwr o Sais.

Fel cymaint o Wyddelod mae gan Des Byrne hiwmor parod. 'Mae'n rhaid,' meddwn i, 'fod y fraich yma'n unigryw.'

'Cwbl unigryw,' cytunodd Des. 'Hyd y gwn i, doedd gan Dan Donnelly ond un fraich dde!'

O Kilcullen dyma deithio i un o ddyffrynnoedd prydferthaf Iwerddon, i Glendalough, sef dyffryn y ddau lyn, ym mherfeddion mynyddoedd Wicklow. Yma mae amser wedi sefyll yn ei unfan heb ddim i darfu ar y tawelwch ond trydar adar a chlician camerâu ymwelwyr.

Yn Glendalough yn y chweched ganrif fe sefydlodd Sant Kevin fynachlog, wedi iddo dreulio'i wythnosau cyntaf, mae'n debyg, yn cysgu mewn coeden. Meudwy oedd Kevin, a gŵr dilychwin o ran temtasiynau cnawdol. Ond, yn ôl yr hanes, fe geisiodd roi prawf ar ei sancteiddrwydd drwy wahodd Caitlin, gwyryf o'r plwy, i sefyll o'i flaen yn noeth tra byddai ef yn ymladd yn erbyn yr ysfa gnawdol. A lwyddodd ai peidio sy'n gwestiwn dadleuol. Ond y canlyniad, mae'n debyg, oedd i Kevin daflu'r ferch druan i'r llyn a'i boddi.

Fe gofnodwyd y stori ar gân. Yr awdur oedd Dominic Behan ac fe'i canwyd droeon ganddo ef a chan y Dubliners. Ac ar gyfer fy mhererindod i Glendalough teimlais mai'r peth lleiaf y medrwn ei wneud oedd cyfieithu'r gân a'i chanu ar lan y dŵr fel teyrnged i'r hen Kevin. Yn anffodus fe fu'n rhaid i mi ganu'r gân ddwywaith gan i mi, yn annisgwyl i'r dyn camera hynaws, Billy Keady, ddawnsio rhyw jig fach ar y diwedd a bu bron iddo ollwng y camera i'r dŵr!

Yn Glendalough trigai hen sant
A rodiai hyd lwybrau Duwioldeb;
Fe lwyr ymwrthodai â chwant
A doedd dim ganddo'n waeth na rhywioldeb.

Roedd e'n hoff o fyfyrio, oedd siŵr,
Ac fe ganai'r sallwyrau bob nodyn;
Hoffai daflu ei fachyn i'r dŵr
Yn y gobaith o demtio pysgodyn.

Fe ddaliodd ddau frithyll un dydd,
Ac fe dorrodd eu pennau nhw bant, do,
Ond daeth Kitty i herio ei ffydd
Ac fe gododd hi wrychyn 'rhen sant, do.

'Nawr 'te, bagla hi bant!' medde'r sant,
'Paid trethu fy mhwyll a'm doethineb;
Ni fynnwn i ildio i chwant
A does dim byd yn waeth na godineb.'

Ond roedd Kitty yn fenyw reit hy,
A phan ddaeth e adre o'r festri
Fe'i gwelodd hi'n eiste'n y tŷ
Yn rhoi sglein ar ei ddreser a'i lestri.

Gafaelodd yn Kitty yn dynn –
Ac o na bai'r Gardai yn dystion –
Fe'i taflodd i ganol y llyn
A myn diawch i, fe suddodd i'r eigion.

Hei didl, hei didl, hei ai
Hei didl, hei didl, hei adi,
Hei didl, hei didl, hei ai,
Hei didl, hei didl, hei adi.

Ie, trist iawn, feri sad, cyn belled ag yr oedd Caitlin yn y cwestiwn. Ond fe gafodd Kevin fyw nes oedd e'n 120 mlwydd oed!

Leinster, gyda'i deuddeg sir, yw cartre dros hanner poblogaeth Iwerddon, y mwyafrif ohonynt yn byw yn Nulyn. Ac i mi, Dulyn yw canol y bydysawd. Fe wnes i ymweld â'r ddinas gynta yn 1966 ar gyfer coffáu Gwrthryfel 1966 ac rwy wedi bod draw yno ddwsinau o weithiau ers hynny.

O deithio Iwerddon gyfan a mwynhau golygfeydd Dingle, acen Corc, cynhesrwydd Derry a hynawsedd Mullingar, deil Dulyn yn nefoedd i mi. Do, fe newidiodd ei chymeriad, a hynny er gwaeth, yn y pumdegau yn arbennig. Fe gollwyd y Monto a'r Gloucester Diamond ac mae hen ddinas Biddy Mulligan a Dicey Riley wedi troi yn fwngrel pensaernïol. Dim ond mewn caneuon maen nhw, a'u dinas, yn fyw bellach. Gallaf gyd-ganu gyda'r Dubliners eiriau Pete St John:

Fair thee well, sweet Anna Liffey,
I can no longer stay
And watch the big glass cages

That spring up along the quay;
My mind's too full of memories,
Too old to hear new chimes,
I'm a part of what was Dublin
In the rare auld times.'

O, na cefais y cyfle i fod yn rhan o'r lle cyn y newid, cyfnod pan na fedrech fynd i dafarn McDaids heb ddod wyneb yn wyneb â Patrick Kavanagh neu Flan O'Brien, Brendan Behan neu John Ryan.

Ond yr hyn sy'n dal i wneud Dulyn yn nefoedd i mi yw'r bobol. Does mo'u tebyg ar wyneb y ddaear. Chesterton a ganodd am y Gwyddelod fel …

… the great Gaels of Ireland,
The men that God made mad,
For all their wars are merry
And all their songs are sad.

Gellid dweud hynny am bobol Dulyn yn fwy na neb arall a phleser pur fu cael mynd yno unwaith eto fel rhan o'r daith, a gychwynnodd yng nghwmni Siôn Wyn o Lanrwst wrth y twr Martello yn Sandycove. Mae gwallgofrwydd creadigol i'w ganfod yn Nulyn unrhyw bryd. Ond ewch yno ar Fehefin 16 ac fe fydd y lle yn bedlam. Dyna pryd mae'r ddinas yn dathlu Bloomsday. Bloom yw cymeriad canolog *Ulysses*, nofel fawr, ymhob ystyr, James Joyce. Er, gellid dadlau mai Dulyn ei hun yw'r cymeriad canolog yn yr epig 300,000 o eiriau.

Beth bynnag, am wyth o'r gloch y bore ar ddiwrnod poetha'r flwyddyn, fe'm cefais fy hun ger y twr wedi fy ngwisgo mewn cot ddu, hir a thrwchus a het fowler, ddwywaith yn rhy fawr, ar fy mhen. I'w hatal rhag disgyn dros fy nghlustiau bu'n rhaid i mi wthio copi cyfan o'r *Irish Independent* i mewn i'r leinin. Ar ddiwrnod Bloom rhaid oedd gwisgo naill ai fel un o gymeriadau'r nofel

Yr awdur a Siôn Wyn o Lanrwst yn Bloomsday, Dulyn.

neu fel Joyce ei hun. Ac er mai fel Bloom y bwriadwn ymddangos, edrychwn yn debycach i Captain Mainwaring o *Dad's Army* ar ei ffordd i'r banc.

Fe gychwynnwyd Bloomsday gan griw o fohemiaid Dulyn 'nôl yn y pumdegau ac fe dyfodd y diddordeb o flwyddyn i flwyddyn. Fe geisiais i, fwy nag unwaith, ddarllen *Ulysses* ond fel miloedd o ddarllenwyr eraill fe fethais wneud na phen na chynffon ohoni. Diolchais, felly, am gwmni Siôn Wyn, un sy wedi gwirioni ar y gwaith.

'Campwaith llenyddol yr ugeinfed ganrif yw *Ulysses*. Mae o'n ddoniol, yn ddifrifol, yn llawn o hanes, athroniaeth, rhyw, trais – unrhywbeth 'dach chi isio, mae o yno,' meddai Siôn. 'Ond dyw'r nofel ddim tamaid mwy gwallgo na bywyd Joyce a'i ddau ffrind fu'n cyd-fyw gydag o yn y tŵr, Samuel Trench ac Oliver St John Gogarty. Un noson fe gafodd Trench hunlle am banther du a chod-odd wn i fyny a dechra saethu o gwmpas y stafell. Yna mi stop-iodd o a mynd 'nôl i gysgu. Ond wedyn mi gafodd hunlle arall a dechra bloeddio. Mi gydiodd Gogarty yn y gwn a saethu at y sos-benni uwchben James Joyce. Roedd Joyce wedi brawychu a gwylltio a phwdu ac mi gerddodd o gwmpas Dulyn yn y glaw nes i'r llyfr-gell agor y bore wedyn ac iddo gael ei gysuro gan y llyfrgellydd.'

Ar ôl tipyn o addysg gan Siôn rhaid oedd ymuno â'r bererindod o gwmpas Dulyn. Ond mae 'na help i bererinion anghyfarwydd. Fe fu awdurdodau'r ddinas yn ddigon hirben i osod placiau pres yma ac acw fel rhyw fath o gerrig milltir o'r daith ddychmygol, placiau sydd hefyd yn arddangos y dyfyniadau perthnasol o'r nofel.

Roedd yna esgus da i bicio i mewn i dafarn Davey Byrnes yn Duke Street gan i Bloom alw yno i fwyta cinio o frechdan *gorgon-zola* ac yfed glasied o win Burgundy coch. Dros y ffordd wedyn yn y Bailey roedd cyfle i weld drws tŷ yr hen Leopold, drws gwreidd-iol 7 Stryd Eccles lle'r oedd Bloom, yn ôl y nofel, yn byw.

Fe esboniodd Siôn fod Joyce, wrth sgrifennu ei gampwaith, wedi creu darlun mor fanwl ac mor gywir o Ddulyn fel y byddai modd ail-greu'r ddinas petai hi'n diflannu o wyneb y ddaear fory.

Un peth a ddiflannodd, a hynny'n sydyn yng ngwanwyn 1966, oedd colofn Nelson a safai ar O'Connell Street, nid nepell o'r Swyddfa Bost. Fe chwythwyd y gofeb yn yfflon gan rywrai un noson heb ddifrodi dim ond y golofn ei hun. A Nelson, wrth gwrs. Ond pan aeth arbenigwyr y fyddin ati i ffrwydro'r gweddillion fe chwalwyd dwsinau o ffenestri siopau a thai cyfagos.

Petai rhywun am ailgodi'r golofn, a phrin y byddai neb am wneud hynny, mae'r pen i'w gael o hyd yn yr Amgueddfa Ddinesig. Ac mae hanes y pen yn deilwng o stori gan James Joyce ei hun. Fe'i cipiwyd a'i gludo i dafarn Buttie Sugrue yn Shepherds Bush yn Llundain. Trwy ryw ryfedd wyrth fe ddaeth yn ôl i Ddulyn a'i daflu ar domen sgrap nes i rywun ei achub a'i gyflwyno i'r amgueddfa.

A do, fe gafodd Nelson sylw gan Joyce yn ei gampwaith. Fe'i disgrifiwyd ganddo fel *the one-handled adulterer*.

Cyn gorffen pererindod Bloom dyma gymryd taith mewn ponia-thrap i'r Guinness Hop Store lawr ar y cei. Oes, mae 'na gyfeiriad at y lle hwnnw hefyd yn *Ulysses*. Yma roedd y gwallgofrwydd yn wallgofrwydd dan reolaeth. Yno yn ein disgwyl roedd y delynores Ann Walsh. Ac roedd y delyn roedd hi'n ei chwarae yn debyg iawn i arwydd hysbysebion hylif du Mr Arthur Guinness ei hun, sef Telyn O'Neill.

Fe esboniodd Ann, sydd wedi byw yng nghyffiniau Dulyn ers chwarter canrif ond sydd â'i gwreiddiau yn Llanymawddwy a Nefyn, mai ei thad wnaeth lunio'r delyn iddi 'nôl yng Nghymru.

Ac fe allai cysylltiad llawer mwy clòs fod yn bodoli rhwng Guinness a Chymru. Oherwydd y tollau annheg ar allforio'i gynnyrch o Ddulyn fe fu Arthur Guinness yn 1773 yn ystyried yn ddwys symud ei fragdy i naill ai Caergybi neu Gaernarfon. Y rheswm oedd fod cystadleuaeth annheg ac amodau tollau'r Llywodaeth yn ffafrio bragdai Lloegr ac yn tanseilio'r busnes yn Iwerddon. Yn 1739 roedd 70 o fragdai yn Nulyn yn unig. Erbyn 1773 doedd yno ond 30.

Yn ôl tystiolaeth Arthur Guinness ei hun, buasai wedi symud i ogledd Gymru petai wedi canfod adeilad addas. Yna, yn 1777, fe laciwyd y tollau llym ac fe benderfynodd Mr Guinness aros. Petai wedi symud naill ai i Gaergybi neu Gaernarfon buasai wedi newid cwrs hanes.

Dim ond un man addas oedd 'na i orffen fy mhererindod Bloomsday a'm taith drwy Leinster, sef wrth ddelw James Joyce yn O'Connell Street lle bu Siôn yn traethu ei farn am yr awdur na chafodd fawr o groeso yn ei ddinas ei hun yn ystod ei oes.

'Roedd Joyce ei hun yn meddwl mai fo oedd y llenor mwyaf ers Shakespeare,' meddai Siôn.

A phwy ydw i i ddadlau â barn Joyce neu un Siôn? Ond yr hyn wnaiff aros ar fy meddwl i wrth edrych yn ôl ar yr ymweliad yw digwyddiad bach yn ystod ffilmio'r darn olaf. Siôn a minnau wedi gwisgo'n meicroffonau, yn cerdded tua'r camera ac yn doethinebu'n ddifrifol pan ataliwyd ein llwybr gan dair merch fach, tair chwaer yn amlwg. Roedd yr hynaf tua naw oed, yr un ganol tua saith a'r ieuengaf ond tua pump.

'Excuse me, mister, are ye' famous?' gofynnodd yr hynaf.

'No,' medde fi, 'I'm not famous at all.'

Ond dyma Siôn yn tynnu ei choes a mynnu fy mod i'n enwog, a hynny'n ysgogi'r ferch ganol i ymyrryd.

'Would ye' be an actor, mister?'

'No,' medde fi.

A dyma Siôn eto yn cellwair drwy fynnu fy mod i'n actor enwog iawn. Ac fe achosodd hynny i'r lleiaf ohonynt dynnu ar fy nghot, syllu i fyw fy llygaid a gofyn yn ddiniwed:

'Mister, would ye' be Danny de Vito by any chance?'

Ulster

Wrth weld rhywun yn Strangford yn gwisgo cap wedi'i addurno â'r geiriau 'Up Down', meddyliais mai enghraifft arall eto fyth oedd hyn o ddiffyg rhesymeg y Gwyddel. Ond na. Cefnogwr tîm pêl-droed Gwyddelig Swydd Down oedd y dyn. Ac roedd y geiriau, o ddeall hynny, yn gwneud synnwyr perffaith.

Yr un perygl i ragdybio oedd f'ymateb o glywed fod man mwyaf gogleddol Iwerddon yn y De. 'O, ie,' meddwn i gyda gwên o siniciaeth. 'Stori Wyddelig arall, ai e?'

Y gŵr y gwneuthum amau ei ddoethineb oedd Richard Owen, gyrrwr bws gyda chwmni PAB Travel, gŵr sy'n adnabod Iwerddon fel cefn ei law. A bu'r Monwysyn hynaws o Fodedern yn gydymaith rhadlon i mi yma ac acw ar hyd y daith.

Ond yn ôl at Mallin Head. Enw yn unig oedd y lle i mi, enw a glywswn droeon ynghlwm wrth ragolygon tywydd y môr ac un sy'n gysylltiedig â bygythiad o storm. Saif uwchlaw'r môr rhwng aberoedd Swilly a Foyle ar benrhyn Inishowen, sydd bron iawn yn ynys, ei ben balch yn codi'n dalog uwchlaw swnt Inishtrahull tra bo'r gwynt yn cribo'i wallt yn barhaus.

Y rheswm dros ddweud fod Mallin Head yn y De, wrth gwrs, yw'r ffaith ei fod ym mhegwn gogleddol Swydd Donegal, sy'n rhan o'r Ulster hanesyddol ac yn perthyn i'r Weriniaeth. Hynny yw, nid yw'n perthyn i'r Chwe Sir, neu'r hyn y cyfeirir ato fel Gogledd Iwerddon.

Oes, mae naw sir i Ulster, neu Wleth yn Gymraeg. Y siroedd yw Monaghan, Cavan, Donegal, Derry, Antrim, Down, Armagh, Fermanagh a Tyrone.

Yn y gân **Four Green Fields** mae'r hen wraig yn galaru am fod un o'i chaeau mewn caethiwed:

> '... What have I now?' said the proud old woman,
> 'What have I now?' that proud old woman did say.
> 'I have four green fields, one of them's in bondage
> In strangers' hands, they tried to steal it from me.
> But my sons have sons, as brave as were their fathers,
> And my four green fields will bloom once again,' said she.

Y cae mewn caethiwed yn y gân, wrth gwrs, yw Ulster. Ond cyn croesi'r ffin wleidyddol dyma oedi yn y rhan o'r cae sy'n dal yn eiddo i'r hen wraig gan droi'n ôl o Mallin Head am y bryniau o gwmpas tre Donegal. Yno daeth cyfle i ailgyfarfod â hen ffrindiau, teulu Hoad.

Mae enw Donegal yn deillio o enw teulu hynod iawn, teulu O'Donnell, yn eu plith Red Hugh O'Donnell a'i wraig Finola. Fe ffodd Red Hugh i Sbaen yn dilyn ei frwydr aflwyddiannus yn Kinsale yn 1601. Ac yn Sbaen fe'i llofruddiwyd drwy wenwyn gan un o sbïwyr Lloegr.

Fel yr O'Donnells, mae 'na gryn hynodrwydd yn perthyn i'r Hoads hefyd. Fe symudodd Jeremiah a'i wraig Judith a'u tri phlentyn o dde Lloegr i Ffarmers yn Nyfed yn niwedd y '60au lle dysgodd y teulu cyfan siarad Cymraeg. Fel artist yr amlygodd Jeremiah ei hun gan gynllunio cardiau post du a gwyn tra oedd Judith yn eu marchnata. Roedd eu hen fen Volkswagen i'w gweld ymhob digwyddiad Cymraeg a Chymreig ledled Cymru.

Yna, ddechrau'r '80au, fe gododd y teulu cyfan eu pac gan ymfudo o'u cartref yn Ffarmers i fwthyn bach ger Inver, tuag wyth milltir o dre Donegal. Fel yn Ffarmers, bu'n rhaid ailgodi'r cartref bron iawn o'i seiliau ond gyda'u dyfalbarhad siriol fe wnaethon nhw lwyddo.

Erbyn hyn mae'r ddwy ferch a'r mab wedi mynd eu ffordd eu hunain, ond yn byw o fewn cyrraedd yn nhre Donegal, tra bod Jeremiah a Judith yn byw yn agos at natur yn eu bwthyn, sydd â'i ffenestri'n edrych draw at fynyddoedd Blue Stack. Mae Jeremiah wedi dod i gryn amlygrwydd fel arlunydd ac wedi cynnal nifer o arddangosfeydd yn Nulyn a Judith hithau wedi arbenigo mewn gwahanol ddulliau o therapi.

O'r dechrau fe wrthododd Jeremiah a Judith fanteision fel trydan a dŵr yn y tŷ, a thân mawn oedd yn cynhesu'r aelwyd glyd.

Fe wnaethon nhw ildio i un o ddyfeisiadau technolegol yr oes, fodd bynnag, sef y teleffon. Ond ddim ond ar eu telerau eu hunain.

Cartref teulu Hoad oedd ond yr ail dŷ yn Iwerddon gyfan i gael teleffon sy'n defnyddio pŵer y gwynt. Melin wynt wrth dalcen y bwthyn sy'n creu'r ynni i gynnal y teclyn – a dyna roi ystyr gwahanol i'r ymadrodd 'malu awyr'!

Y ffaith i Jeremiah gael ei daro'n sâl dair blynedd yn gynharach wnaeth ysgogi Judith i ymchwilio i'r posibilrwydd o gael teleffon a oedd yn gweddu i'w syniadau gwyrdd.

'Doeddwn i ddim eisiau car. Felly teleffon oedd yr unig ateb,' medd Judith. 'Ond gan ein bod ni mor anghysbell fe fyddai teleffon cyffredin allan o'r cwestiwn gan y byddai angen milltiroedd o wifrau. Ac ar gyfer teleffon radio mae trydan yn angenrheidol.'

Roedd teleffon ynni gwynt newydd gael ei osod mewn tŷ yng Nghilarney a dyma Judith yn sylweddoli mai dyna'r ateb. Roedd y pris yr un faint â theleffon arferol, £130, ond fe fu angen tipyn o gloddio i osod yr offer, a ddaeth o'r Alban. Gosodwyd rhod wynt ar bostyn wrth dalcen y tŷ. Pan mae'r rhod yn troi mae'r ynni'n dod trwy wifren ar y postyn i fatris sydd yn y ddaear. Allan o'r rheiny daw gwifrau eraill, un ar ffurf êrial a'r llall yn cysylltu â'r derbynnydd yn y tŷ. Pan fo rhywun yn cysylltu â Judith fe yrrir signal o'r swyddfa bost yn Inver i'r ddyfais chwyldroadol, a chaiff ei chysylltu â'r galwr.

Gan fod y bwthyn ar ochr mynydd mae sicrwydd o wynt bron iawn yn barhaol. Ond jyst rhag ofn fe osodwyd paneli solar ar y postyn hefyd i greu ynni o'r haul.

'Ar hyd y blynyddoedd fe fu pobol yn ein hystyried ni yn hen-ffasiwn,' medd Judith. 'Ond nawr, o ran y teleffon o leia, ry'n ni o flaen pawb arall.'

Ydyn, mae'r Hoads yn deulu hynod. Ac o Swydd Donegal y daw un o deuluoedd canu gwerin mwyaf dawnus Iwerddon – a'r byd erbyn hyn. Ac mae teuluoedd yn chwarae rhan bwysig yn y byd gwerin yn Iwerddon: y McPeakes yn Belfast, y Furies a theulu Black yn Nulyn, y Clancys o Swydd Tipperary. Ond draw yn Crolly, yng ngogledd-Orllewin Donegal, mae cartref y Brennans, teulu sy'n siaradwyr Gwyddeleg naturiol.

Daeth y Brennans yn amlwg i'r byd fel Clannad gyda'u fersiwn atgofus, hiraethus o **Harry's Game** ddechrau'r '80au. Ers hynny aeth y band o nerth i nerth gydag un o'r plant, Enya, yn mynd ei ffordd ei hunan gan ennill mwy, yn nechrau'r '90au, na'r un gantores arall yn Iwerddon a Phrydain. Mae ei chwaer Maire hefyd, er yn dal yn aelod o'r band, wedi recordio fel cantores unigol lwyddiannus iawn.

Ym Nhafarn Leo mae'r penteulu a roddodd ei enw i'r dafarn yn llawn croeso ac yn barod bob amser i siarad am ei blant talentog. Mae Leo ei hun yn chwaraewr acordion da iawn a phan wnaethom ni ymweld ag ef fe roddodd i ni berfformiad byrfyfyr yn y bar. Ac ymhlith y caneuon, rhaid oedd cynnwys **The Hills of Donegal**.

'Mae'n syndod y bobol sy'n galw yma,' medd Leo, yn y bar lle mae recordiau aur ac arian ei blant yn hongian fel lluniau mewn arddangosfa. 'Un dydd fe ddaeth merch o Affrica yma. Fe edrychodd o gwmpas mewn syndod a dyma hi'n gofyn yn llawn parchedig ofn ai fi oedd tad Enya. "Ie", meddwn i. A dyma hi'n syllu'n gegrwth arna i. Wyddwn i ddim a oedd hi'n mynd i lewygu neu roi cusan i mi! Beth bynnag, dyma'r camera'n dod allan ac yno y bu hi'n tynnu lluniau. Ac mae pethau felna'n digwydd byth a hefyd.'

Ond y Nadolig cynt fe ddigwyddodd rhywbeth digon anarferol yn Nhafarn Leo. 'Am unwaith roedd y plant i gyd wedi dod adre a dyma un o'r meibion yn codi ac yn canu un o'i ganeuon cynnar,' medd Leo. 'Ac yna, o un i un dyma'r brodyr a'r chwiorydd i gyd yn codi ac yn ymuno yn y canu, y saith ohonyn nhw'n canu gyda'i gilydd. Fedrech chi ddim cael hynna mewn unrhyw le arall yn y byd.'

Roedd atgofion am y gyfres **Harry's Game** yn llenwi fy mhen y bore wedyn wrth i mi ymuno â'r teithwyr ym mws Richard Owen ar gyfer y daith ar draws y ffin o Moville i Derry. Doedd y cadoediad ddim wedi'i gyhoeddi bryd hynny a theimlwn yn llawn anniddigrwydd wrth nesáu at y ffin a'r man croesi a gâi ei warchod gan filwyr arfog. O'r tŵr brics a dur uwchben pwyntiai barilau drylliau tuag atom. Ac ni wellodd pethau wrth i Richard gyhoeddi drwy'r meicroffon, 'Gyfeillion, fe welwch chi filwyr y tu blaen i chi. Falle y gwnân nhw'n stopio ni, falle na wnân nhw. Ond peidiwch gofidio, wnân nhw ddim saethu mwy na dau neu dri ohonoch chi.'

Rhyw chwerthin digon annifyr gafwyd. Ond ar ôl ychydig eiriau cyfeillgar rhwng Richard a'r milwyr fe gawsom fynd yn ein blaenau.

Roedd croesi'r ffin rhwng Donegal a Derry i Richard mor gyfarwydd â chroesi Pont Britannia. Ac roedd ganddo ambell atgof diddorol.

'Rwy'n cofio milwr yn cario gwn yn fy stopio i unwaith ac yn gofyn am ryw fath o ddogfen adnabod. Dyma fi'n dangos fy nhrwydded yrru ac yntau'n ei darllen yn uchel, "Richard Owen, Sŵn y Gwynt, Bodedern". "Arglwydd," medde fi, "Cymro 'dach chi?" "Ia," medda fo, "o Gaernarfon".'

Derry ... Londonderry, un ddinas, dau enw. Yr enw Gwyddeleg yn golygu coed derw. Y *London* yn dangos ble roedd gwreiddiau'r rhai fu'n datblygu'r ddinas bedwar can mlynedd yn ôl. A does dim prinder hanes ar gyfer twristiaid yno.

Ond mae Richard yn ddyn rhyfeddol gyda gwybodaeth am bob agwedd o hanes Iwerddon ar flaenau ei fysedd. O ystyried fod nifer dda o'r teithwyr yn Wyddelod, sut deimlad oedd e i addysgu'r bobol am eu gwlad eu hunain?

'Yn rhyfedd iawn, maen nhw'n credu mai Gwyddel ydw i. Mae rhai o'r farn fy mod i o Ogledd Iwerddon. Eraill yn credu 'mod i'n dŵad o Gorc.'

Ydi Richard yn gweld unrhyw wahaniaeth rhwng Gwyddelod y Chwe Sir a Gwyddelod y De?

'Ddim o gwbwl. Maen nhw i gyd yn bobol gynnes, hyfryd. Yr unig wahaniaeth ydi'r acen.'

Peth arall oedd yn rhyfeddol am Richard oedd ei anfodlonrwydd i gadw at y mannau twristaidd, diogel fel yr eglwysi crand a'r waliau hanesyddol sy'n amgylchynu'r ddinas. Roedd stad enwog y Creggan yn rhan o'i daith, er iddo gael trafferth yno'r flwyddyn cynt.

'Mi daflodd rhywun garreg drwy ffenast y bws. Ond dyma fi'n ffonio'r wraig ac yn gofyn iddi ddanfon sticer Draig Goch i mi. Mi osodais i hwnnw ar ffenast y bws a ches i byth draffarth wedyn.'

Wrth fynd â ni o gwmpas roedd Richard yr un mor hyddysg ei wybodaeth o hanes yr eglwys gadeiriol ag yr oedd am y murlun sy'n coffáu lladdedigion Bloody Sunday a'r geiriau o dan y lluniau yn cyhoeddi *the day innocence died*.

Mae modd peintio dau ddarlun cwbwl wahanol o'r ddinas, a'r ddau'n gywir – dinas fodern, groesawgar, lân, y siopau'n brysur a'r celfyddydau'n ffynnu. Dinas ranedig hefyd lle lladdwyd dros dri chant ac ugain o bobol mewn chwarter canrif o derfysg.

Mae sawl carreg filltir gythryblus yn hanes Gogledd Iwerddon i'w chael yn y ddinas. Yma y cynhaliwyd rhai o'r protestiadau hawliau sifil ddiwedd y '60au a daniodd y gwrthdaro arfog a ddilynodd. Ac yma mae cartre John Hume, apostol heddwch. Ef a ddywedodd y byddai gofyn tynnu llinell drwy'r gorffennol os oedd yr heddwch i bara. Os gellir gwneud hynny yn Derry, mae'n bosib mewn unrhyw le. Ond mae 'na lawer iawn o waith maddau ac o anghofio ar y ddwy ochr.

Fe gafodd pob un ond ugain o'r cant a hanner o siopau yng nghanol y ddinas eu dryllio gan fomiau yn y '70au. Ond doedd hynny'n ddim o'i gymharu â rhai o derfysgoedd y canrifoedd cynt. Y tu mewn i furiau enwog y ddinas y bu Gwarchae Derry yn 1689. Fe lwyddodd y trigolion Protestannaidd i wrthsefyll grym James yr Ail am dri mis nes i longau gyrraedd ar hyd afon Foyle i'w bwydo a'u rhyddhau, tri mis arwrol a arweiniodd at ganrifoedd o ddial.

Yn ystod y gwarchae a'r llwgu fe fu dros saith mil o bobol farw. Fe gâi cathod a chŵn eu gwerthu yn siopau'r cigyddion, ac roedd llygod mawr yn werth swllt yr un.

Mae Derry yn ddinas hawdd ei charu. Fe gyfyd yn naturiol ar

ddwy lan afon Foyle. Ac fe dyfai'r coed derw a roddodd ei henw i'r ddinas uwchlaw'r tir corsiog a adwaenir o hyd fel y Bogside lle sefydlodd Sant Columba ei fynachlog gyntaf yn y flwyddyn 546. Mae'r muriau sy'n amgylchynu'r ddinas yn dyddio o 1613 ac yn dal i fod y rhai mwyaf cyflawn yn Iwerddon a Phrydain.

Mae cynllun y ddinas yn un syml gyda'r strydoedd o fewn i'r waliau, pedair ohonynt yn brif strydoedd, yn arwain at sgwâr y Diamond. Mae hi'n ddinas drefnus yr olwg, yn ddinas gynnes ei chroeso, ond i rywun fel fi fe gâi'r darlun ei ddryllio dro ar ôl tro gan ymddangosiad y ceir arfog. Rhyw gyrraedd yn annisgwyl wnâi'r rheiny, er mor araf a thawel eu hymddangosiad. Rhyw ymlusgo a wnaent fel malwod arfog, sinistr.

Ac wrth ffarwelio â Derry, yr hyn a âi drwy fy mhen i oedd geiriau cân Phil Coulter, **The Town I Loved so Well**:

> 'But when I returned, how my eyes have burned
> To see how a town could be brought to its knees,
> By the armoured cars and the bombed-out bars
> And the gas that hangs on to every tree.
> Now the army's installed by that old gas yard wall
> And the damned barbed wire gets higher and higher,
> With their tanks and their guns,
> Oh my God, what have they done
> To the town I loved so well?'

Taith ar draws gwlad oedd nesaf, i briffddinas y Gogledd, Belfast. Ac yno cael cwmni un o feibion y ddinas, Robert Camlin, sy'n siarad Cymraeg gydag acen hyfryd Maldwyn. O ben twˆr Castell Belfast cofiai'n hiraethus am ei blentyndod a'r dyddiau pan oedd iard longau Harland and Wolf yn cyflogi miloedd o weithwyr. Stori wahanol yw hi bellach er bod y ddau graen enfawr, Samson a Goleiath, yn dal i lordio dros y cyfan.

Fe fagwyd Robert yn un o ardaloedd Protestannaidd y ddinas a chofiai hafau plentyndod.

'Roedd e'n amser da i fod yn blentyn yn Belfast. Mae'r dyddiau haf yn gysylltiedig â'r môr, neu Belfast Lough. Rwy'n cofio mynd ar y môr, a nofio a phlymio ynddo fo. Ac yma ar hen stad y castell y byddwn i'n chwarae. Roedd y lle i gyd yn agored ac fe fyddwn i'n dringo'r creigiau a chwarae rhwng y coed. Mae hiraeth ymhob man yma.'

Ond, fel yn hanes Derry, *when I returned, how my eyes have burned.* Profiad dirdynnol oedd teithio yng nghwmni Robert ar hyd a lled y ddinas. Tra oedd mur Berlin wedi'i ddymchwel, daliai'r *Peace Line* i rannu Belfast, ond roedd y bobol mor gyfarwydd â'r sefyllfa fel nad oedd y milwyr arfog oedd yn stelcian ar bob stryd yn denu unrhyw sylw. Ac roedd drysau gwesty'r Europa, lloches i newyddiadurwyr dros y blynyddoedd, yn dal ar agor er iddo gael ei fomio'n amlach na'r un gwesty arall yn y byd.

Ond mae Belfast yn newid, a Robert Camlyn sy'n gyfrifol am lawer o'r newid hwnnw ar lan afon Lagan. Fy unig gysylltiad â'r afon cyn hynny fu clywed rhyw denor meddw mewn tafarn yng Nghaerdydd yn canu **My Lagan Love**:

'Where Lagan stream sings lullaby,
There blows a lily fair;
The twilight is in her eye,
The night is in her hair…'

Ond doedd dim yn rhamantus ynglŷn â'm golwg gyntaf o'r afon gyda theirw dur yn gwau trwy'i gilydd fel morgrug gwallgo a chraeniau'n gwthio'u gyddfau tua'r nen.

Robert oedd y pensaer tirlunio ar gyfer cynllun Laganbank. Ac er mai yn Llangadfan ym Maldwyn yr oedd ei gartre a'i swyddfa, roedd e'n croesawu'r cyfle i ddod yn ôl i ddinas ei febyd.

Bwriad y cynllun oedd datblygu glan afon Lagan ar gyfer hamdden a phontio hen raniad rhwng y strydoedd siopa ynghanol y ddinas a phrysurdeb y dociau, lle byddai'r llongau mawr yn hwylio gynt i bob cwr o'r byd.

Gyda Paddy Barry ar y Galway Hooker.

'Laganbank yw'r enw ar y safle rhwng y ddwy bont, Queen's Bridge a phont y rheilffordd,' meddai Robert. 'Mae'r prosiect i gyd yn canoli ar y neuadd gyngerdd newydd sydd ynghanol y safle a rydyn ni'n cynllunio'r mannau agored o gwmpas y neuadd gan arwain strydoedd canol y ddinas i lawr tua'r afon.'

Yr eironi mawr yw fod Robert wedi gorfod dymchwel nifer o adeiladau a gynlluniwyd ac a godwyd gan ei dad, a oedd hefyd yn beiriannydd.

O ffarwelio â glan y Lagan a chyrraedd llyn Strangford fe allech gredu fod Belfast dair mil o filltiroedd i ffwrdd yn hytrach na'r deng milltir ar hugain oedd yn ein gwahanu ni go iawn. Roedd rhyw ysgafnder ac egni yn yr awel wrth i ni groesi ar y fferi o Portaferry i Strangford. Eto i gyd, dyma'r lleoliad mwyaf annifyr i mi tra oeddwn yn Ulster.

Ar y pryd roedd pencampwriaeth Cwpan Pêl-droed y Byd wedi cychwyn. Ar y nos Sadwrn cynt, mewn tafarn fechan allan yn y wlad yng nghyffiniau Downpatrick, roedd nifer o gefnogwyr yn dathlu buddugoliaeth tîm y Weriniaeth dros yr Eidal pan gerddodd dynion arfog i mewn i'r bar a saethu pump ohonynt yn farw.

Dim ond tua deuddeg milltir oedd rhwng Portaferry a'r fangre lle digwyddodd y drychineb. Tra oeddwn i yno roedd y Weriniaeth yn cystadlu yn erbyn Mecsico a wna i byth anghofio'r profiad o wylio'r gêm mewn bar gorlawn a'r gynulleidfa, bob tro yr agorai drws y bar, yn tawelu ac yn troi i edrych yn ofnus. Dwi ddim yn meddwl 'mod i erioed wedi treulio amser mwy nerfus a gofidus. Eto i gyd, mae trigolion y Chwe Sir wedi gorfod byw o dan gwmwl o ofn am dros chwarter canrif bellach ac wedi dysgu gwneud y gorau o bethau.

Tridiau o ddathlu oedd 'na yn ardal Portaferry. Ar y llyn roedd regatta ar gyfer y llongau bach, a adwaenir fel *Galway Hookers*. Does ond tua dwsin ar ôl bellach o'r llongau gwaith hyn – asynnod y môr – fu'n cludo mawn a nwyddau eraill rhwng Connemara ac Ynysoedd Aran. Ac maen nhw'n llongau gwydn. Mae Paddy Barry o Ddulyn wedi llwyddo i hwylio'i Hooker ef mor bell â'r Arctic ac ar draws Môr Iwerydd i Boston.

Ar y tir fel rhan o'r ŵyl roedd *Fleadh Ceol* Swydd Down, rhyw fath o noson lawen, digwyddiad, yn ôl yr hysbyseb, a wnâi i Halley's Comet ymddangos yn bitw. Roedd y lle'n ferw o fandiau, dawnswyr a llongwyr.

Roedd y cyfan yn atgoffa un wraig, oedd yn byw uwchlaw'r llyn yn Strangford, o'i phlentyndod yn y Rhyl. Priodi â Gwyddel arweiniodd Alwena Johnston i ffermio yn Swydd Down. Ac er bod ei theulu yn Brotestaniaid mewn ardal Gatholig, ni chafodd unrhyw drafferthion.

'Fe aeth y plant i'r ysgol leol efo pawb arall,' meddai. 'Erbyn cyrraedd un ar ddeg oed fe aethon nhw i gyfeiriadau gwahanol ond wedi gadael yr ysgol roedd pawb yn gweithio gyda'i gilydd, yn mynd i'r coleg gyda'i gilydd.

'Mae gen i fab sy'n chwarae pêl-droed Gwyddelig ac fe fu'r genethod yn cymryd rhan mewn dawnsio Gwyddelig. Na, does 'na ddim gwahaniaeth yma.'

Petai pawb mor gall a goddefgar ag Alwena Johnston fe fyddai bywyd yn llawer haws i drigolion y Chwe Sir. Ond yn yr ardal arbennig hon roedd hi'n amlwg fod yno ymgais fwriadol i gadw'r ddysgl yn wastad rhwng dau draddodiad a dau ddiwylliant. Fel rhan o'r ŵyl roedd criw o offerynwyr yn arddangos gwahanol fathau o ddrymiau ac o ddrymio. Ac fe gafwyd yr un criw yn taro'r drwm *lambeg* Protestannaidd, a grewyd gyda'r bwriad o godi ofn ymhlith eu gelynion, a'r drwm *bodhran*, offeryn traddodiadol y Gwyddelod Gwyddelig.

Fe fydda i'n edrych yn ôl ar fy ymweliad ag Ulster fel un hapus. Ac fe ges i brofiad uniongyrchol a phersonol o gynhesrwydd a chyfeillgarwch y bobl. Eto i gyd, wrth groesi'r ffin yn ôl i'r Weriniaeth yn Newry, fe dynnais rhyw anadl fechan o ryddhad.

Ond fe af yn ôl i Ulster, ac i'r Chwe Sir. Mae'r drymiau, *lambeg* a *bodhran*, yn galw.

Connacht

Mae'n debyg mai'r record gyntaf erioed i mi ei chlywed pan o'n i'n blentyn oedd Bing Crosby yn canu **Galway Bay**. Hynny, siŵr o fod, sy'n rhannol gyfrifol am i Galway dyfu i fod yn rhyw fangre ramantus yn fy nychymyg. Rheswm mwy diweddar oedd y disgrifiadau a glywswn o Gonnemara greigiog, garegog a oedd yn dal yn gaer i'r iaith frodorol. A gwyddwn mai dinas Galway oedd y porth i'r nefoedd honno.

Roeddwn i, felly, wedi edrych ymlaen yn eiddgar at y rhan hon o'r daith. Ond wn i ddim ai mantais ai anfantais fu cyrraedd dinas Galway, prifddinas Connacht, ar anterth gŵyl gelfyddydol flynyddol y ddinas, yr ail ŵyl ar bymtheg i'w chynnal a digwyddiad sydd, ar ddiwrnod y pasiant, yn denu dros gan mil o bobol i wylio'r golygfeydd ynghanol bwrlwm o liw a sŵn.

Seiliwyd pasiant 1994 ar bennod arbennig o gyffrous yn hanes Galway. Pan ildiodd y Normaniaid eu grym fe drosglwyddodd y teulu oedd yn rheoli, y Burkes, yr awenau i bedwar ar ddeg o deuluoedd. Ac fe gadwodd y teuluoedd hynny, neu Lwythi Galway, eu rheolaeth tan 1654.

Thema'r orymdaith felly oedd y llwythi hyn a'r gwahanol alwedigaethau yr oedden nhw'n eu cynrychioli wrth iddyn nhw ddod ynghyd i ddathlu eu cyfoeth a'u grym. Ond yr uchafbwynt oedd ymosodiad gan lwyth yr O'Flahertys o Gonnemara ar Lwythi Galway.

Fe ges i gwmni Cymraes yn y pasiant, Beti Uí Bhaoille, merch Mrs a Mrs R. E. Jones, Llanrwst. Mae Beti yn byw yng Nghonnemara lle magodd hi a'i phriod, Brian, dri o blant sy'n rhugl mewn

Gwyddeleg a Chymraeg. Eu merch Nia, neu Niamh, oedd cynorthwy-ydd cynhyrchu'r gyfres.

Trefnwyd y pasiant gan gwmni theatrig Macnas, criw lleol sy'n trefnu dathliadau o'r fath ar raddfa anferth ledled y byd ac sydd wedi bod yn rhan o basiant llwyfan rhai o berfformiadau'r band U2.

Esboniodd Beti i'r O'Flahertys fod yn gyfrifol am sgarmesoedd am flynyddoedd gan gynnal cyrch ar ôl cyrch ar Lwythi Galway. 'Llwyth anwar a gwyllt oedd yr O'Flahertys tra oedd Llwythi Galway yn cael eu hystyried yn fwy gwareiddiedig,' medd Beti. 'Yr O'Flahertys yn ymosod ar ddinas Galway, dyna'r thema. Hynny yw, y wlad yn erbyn y dre.'

Ac mae'r *Ferocious O'Flahertys*, fel y'u gelwid, yn dal i gael eu cofio mewn ffordd fwy parhaol. Uwchlaw'r Bwa Sbaenaidd ger yr hen gei pysgod, sy'n rhan o weddillion waliau gwarcheidiol Galway, ceir yr arysgrif ymbiliol, *From the fury of the O'Flahertys, good Lord deliver us.*

Mae'r dylanwad Sbaenaidd yn dal yn amlwg yma ac acw yn Galway. Ar wahân i'r bwa fe geir Porth Browne yn Sgwâr Eyre, sef drws a ffenest a arferent fod yn rhan o blasty a godwyd yn 1627 gan rhyw Martin Browne. Ac mae Ffenest Lynch yn Market Street yn dangos olion o ddylanwad Sbaen.

Ac mae Lynch ei hun, neu James Lynch Fitzstephen, i roi iddo'i enw llawn, yn haeddu sylw. Ef oedd maer Galway yn 1493 ac o'r ffenest a elwir o hyd yn Ffenest Lynch y crogodd y maer ei fab ei hun, yn ôl yr hanes. Roedd y tad, mae'n debyg, yn fewnforiwr gwin tra phwysig ac fe ddaeth mab gŵr busnes o Cadiz, gŵr ifanc o'r enw Gomez, i letya gydag e. Ond fe ddechreuodd mab y maer, Walter, amau fod Gomez â'i lygad ar ei gariad, Agnes, ac fe'i llofruddiodd.

Roedd y tad, yn ogystal â bod yn faer, hefyd yn ynad ac fe ddedfrydodd ei fab i farwolaeth. Ond methwyd â chael hyd i grogwr – doedd neb am gyflawni'r gorchwyl. Aeth rhai o ffrindiau Walter mor bell â rhuthro ar y carchar i geisio'i ryddhau. Ac er mai ceisio arbed bywyd wnaeth torf o bobol y tro hwn, credir mai o'r digwyddiad yma y tarddodd y dywediad *Lynch Law*. Methiant fu eu hymgais. A chymaint oedd sêl Lynch dros sancteiddrwydd y gyfraith fel iddo grogi ei fab ei hun.

Priodolir y dylanwad Sbaenaidd ar Galway i'r Armada yn 1588 pan ddrylliwyd nifer o'r llongau mewn man a adwaenir o hyd fel Spanish Point ar arfordir Swydd Clare. Credir i nifer o'r morwyr a achubwyd ymsefydlu yn Galway. Ond roedd cysylltiad masnachol rhwng y ddinas a Sbaen a Phortiwgal ymhell cyn hynny, fel yr awgryma hanes Lynch.

Beth bynnag yw'r gwir, fe gysylltir pobl dywyll eu gwallt a'u pryd â Galway ac mae'r olion Sbaenaidd yn y ddinas yn dangos dylanwad pensaernïol sy'n ymestyn o'r 15fed i'r 17fed ganrif.

Yn rhan annatod o hanes Galway, er ei fod y tu allan i waliau'r ddinas, mae pentre bach Claddah. Ar un adeg roedd y fangre yn deyrnas annibynnol gyda'i brenin ei hun. Erbyn hyn diflannodd y bythynnod bach gwyn a'u toeau gwellt a nodweddai'r pentref ond yn dal i aros mae'r modrwyau Claddah sy'n dangos dwy law yn dal calon islaw coron. Mae'n draddodiad i rywun priod wisgo'r fodrwy gyda gwaelod y galon yn pwyntio tua'r garddwrn, tra bod rhywun dibriod yn gofalu fod gwaelod y galon yn pwyntio tua phen y bys.

Heddiw mae dinas Galway yn ganolfan fywiog, brydferth sy'n llawn bwrlwm pobol ifainc a hynny, mae'n debyg, yn adlewyrchu dylanwad y brifysgol. Mae hi'n ddinas ddeniadol, gynnes, groesawgar lle mae ddoe a heddiw yn cyd-fyw'n hapus.

Mae gan y ddinas ei theatr Gaeleg ei hun, *An Taidhbhearc*. Ac fel rhan o'r ŵyl gelfyddydol, sy'n para am bythefnos, fe gynhaliwyd noson lawen Wyddelig yno, sy'n cael ei hadnabod fel *Siamsa*. Ac ymhlith y perfformwyr roedd y delynores a'r gantores Aíne Ní Shioradáin, sydd wedi dysgu Cymraeg. Esboniodd mai *An Taibhdhearc* yw theatr Wyddeleg genedlaethol Iwerddon ac iddi fod mewn bodolaeth ers dros 70 mlynedd. A'r Wyddeleg yw iaith y theatr.

Bu fy ymweliad â dinas Galway yn un o uchafbwyntiau'r daith

ac fe af yn ôl yno ar y cyfle cyntaf. I mi, fel dinas, mae hi'n ail i Ddulyn. A fedra i ddim talu teyrnged uwch na hynna iddi hi.

Fe ddaeth hi'n amser gadael y ddinas a chael cipolwg ar Gonnacht yn gyffredinol. Hi, gyda'i chwe sir wledig yn y Gorllewin, yw talaith leiaf Iwerddon. Fel y profodd y gân **Galway Bay**, mae hi'n ardal hawdd iawn i'w rhamantu. Ond nid dyma'r lle hawsa i ennill bywoliaeth. Ond o leia, ar y Shannon, mae yno ymgais i uno De a Gogledd Iwerddon. Ac er mai ymgais ddaearyddol yw hi yn bennaf, y gobaith yw y gall hynny arwain at uniad cymdeithasol hefyd – a phwy a ŵyr, gwleidyddol hyd yn oed. Y syniad yw defnyddio system o gamlesi i gysylltu'r afon Shannon a Lough Erne yn Swydd Fermanagh ar gyfer cychod pleser. Dyma oedi ar lannau'r Shannon yn Drumsna, porth Gogleddol Connacht.

I lawer, lle i basio drwyddo yn hytrach nag i oedi ynddo yw pentre Drumsna, yn enwedig i dwristiaid. Ond nid i Siân Dole a Dai Rees o Benbre yn Nyfed. Ym mis Gorffennaf 1993 dyma nhw'n codi'u pac a symud yno.

'Fe wnaethon ni benderfynu symud am fod cynllun cloddio glo brig ar fin dechre yn yr ardal,' medde Siân. 'Y dewis oedd naill ai symud i ogledd Cymru neu i Iwerddon. I Iwerddon ddaethon ni, yma i Drumsna. A dwi ddim wedi difaru.'

Fe daflodd Siân a Dai eu hunain i'r dwfn, bron iawn yn llythrennol, wrth ymuno yn y bywyd lleol. Un o'u hoff weithgareddau yw canŵio ar y Shannon lle maen nhw, ymhlith pethe eraill, yn chwarae polo-dŵr yn eu canŵs. Ar gais fy nghyfarwyddwr hynaws fe wnes i ymuno â nhw ar yr afon ond gan gadw mewn dŵr bas. Roedd y cof o'r unig dro arall y mentrais mewn canŵ yn dal yn fyw yn fy nghof. Ar afon Dyfrdwy yn Llangollen oedd hynny pan heriwyd fi i rwyfo dros y rhaeadrau gan y rhaglen *Traed Oer*. Fe aeth y canw yn sownd ar graig cyn fy nhaflu o uchder o bymtheg troedfedd i'r dŵr. A minnau'n methu nofio! Wrth gael fy nghario gan y dyfroedd mawr a'r tonnau diolchais yn dawel mai Bedyddwraig oedd Mam.

Ond roedd dyfroedd y Shannon yn ddigon tawel, rhywbeth yn

debyg i fywyd Siân a Dai ar eu tyddyn bach. Yr atyniad mawr oedd darn o dir gerllaw'r pentre ar gyfer cadw anifeiliaid. Fe ddaethant ag Arch Noa gyda hwy dros y dŵr o Gymru, pedwar ceffyl, ci o'r enw Gelert o Bontyberem, a chath o'r enw Streipen o Lannon. Ganwyd eboles, Roisín, yn Drumsna ac fe gawsant rodd o iâr, a fedyddiwyd yn Henry, gan gymdogion.

Ac nid dyna'r unig roddion gan gymdogion cymwynasgar. Yn ystod eu dyddiau cyntaf yn y fro fe dderbyniodd y ddau fwydydd a mawn gan deulu oedd yn byw ar draws y caeau. Ac fe wnaeth yr un teulu hyd yn oed drwsio corn simdde'r bwthyn. A phan ofynnais i Siân ai yno y byddai hi a Dai yn aros am rai blynyddoedd, ei hateb oedd, 'Am byth'.

Ond un gair o rybudd. Peidiwch â mentro i'r dafarn leol, sy'n cael ei chadw gan y brodyr Gabriel a Noel Duignan, heb fod yn barod i aros yno drwy'r nos. Gall ambell un o aelodau'r criw ffilmio dystio i letygarwch Duignans. Ac mae Drumsna bellach yn rhan o chwedloniaeth y daith.

Yng nghyffiniau Clonbur, ar ymylon Connemara rhwng Lough Mask a Lough Corrib, ac ar y ffin rhwng Galway a Mayo, daethom o hyd i alltud arall a swynwyd ac a rwydwyd gan Iwerddon. Swyddog gweithgareddau awyr agored oedd Alun Evans, o Bandy Tudur.

Canŵio, hwylio, dringo ac archwilio ogofâu oedd gwaith Alun gan arwain pobl ifanc, yn bennaf, ar anturiaethau o gwmpas Gwlad Joyce, ardal a enwyd ar ôl teulu o Gymry a ymsefydlodd yno yn y 13eg ganrif. Mae llawer o'r trigolion lleol presennol yn honni eu bod nhw'n ddisgynyddion i'r teulu gwreiddiol.

Bwriad Alun oedd teithio'r byd, ac fe gychwynnodd ei bererindod yng Ngwlad Joyce. Doedd e byth wedi gadael, a hawdd oedd deall pam. Roedd awyrgylch arallfydol i'r tirwedd o fynyddoedd, corsdir a llynnoedd rhwng Maamtrasna a Maumturk ac awgrymais wrth Alun y byddai'n hawdd, yn y fath ardal, credu mewn ysbrydion a Thylwyth Teg. Ateb Alun oedd, 'Fyswn i'n meddwl fod yna rai yma.'

Cyn belled ag y mae Maamtrasna yn y cwestiwn mae'n hawdd

credu fod yna ysbrydion annifyr yn crwydro'r llethrau gan i drychineb erchyll ddigwydd yno yn 1882, hanes sy'n dal i gorddi'r trigolion. Dadl ynglŷn â hawliau tir a arweiniodd, mae'n debyg, at lofruddio pum aelod o'r un teulu – John Joyce, ei wraig Breege, ei fam Margaret, ei ferch Peggy a'i fab, Michael. Anafwyd mab arall, Patsy, yn ddrwg.

Cymerwyd deg dyn i'r ddalfa wedi i aelodau o gangen arall o deulu Joyce, oedd yn elynion i'r lladdedigion, eu henwi. Cafwyd wyth ohonynt yn euog. Alltudiwyd pump ohonynt i dreulio oes mewn carchar a chrogwyd y tri arall, sef Pat Casey, Pat Joyce a Myles Joyce a hynny, yn ôl tystiolaeth sicr erbyn heddiw, ar gam. Yn achos Myles Joyce, methodd y crogwr ei ddienyddio, felly fe'i ciciodd drwy'r trap-ddrws a bu Myles farw yn boenus ac araf o'i lindagu yn hytrach nag o dorri ei war. A dywedir fod ysbryd Myles yn dal i gyniwair drwy'r ardal.

Mae'n bosib fod Pat Casey a Pat Joyce yn rhan o'r llofruddio, ynghyd â dynion lleol eraill oedd â'u henwau'n hysbys. Ond credir i Myles Joyce fod yn gwbwl ddieuog.

Nid dyna'r unig stori hynod a geir yng Ngwlad Joyce. Fe aeth Alun â ni i blasty bychan, Lough Mask House ger Cong, hen gartre'r Capten Charles Boycott, gŵr a gyflwynodd air newydd i'r iaith Saesneg.

Asiant tir Arglwydd Erne oedd y Capten ac fe drodd ugeiniau o denantiaid o'u tai. Ond yn 1880, o dan ddylanwad Michael Davitt a'i *Land League* cychwynnwyd ymgyrch i dalu'n ôl i'r Capten drwy ei anwybyddu'n llwyr. Gwrthodai pawb siarad ag ef na'i deulu. A phan symudodd y teulu i Ddulyn roedd y newydd wedi cyrraedd yno o'u blaen. Ac yno hefyd, yn y gwesty lle trigent, fe'u hanwybyddwyd yn llwyr. Y canlyniad fu i'r Capten a'i deulu orfod troi'n ôl am Loegr. Ond mae'r gair *boycott* yn dal yn fyw yn iaith yr hen Gapten, druan.

Fe aeth Alun â ni hefyd at fan diddorol arall, Camlas Cong, sy'n cael ei hadnabod fel y Cong Dry Canal. Ie, dim ond yn Iwerddon y medrech chi ganfod camlas sych.

Yn 1847 y cychwynnwyd ar y cynllun i gysylltu Lough Erne a Lough Corrib drwy gloddio camlas. Ar wahân i'r manteision masnachol roedd y cynllun hefyd yn ymgais i greu gwaith i bobol oedd yn dioddef o'r Newyn Mawr drwy roi bara iddynt am eu llafur.

Roedd y bwriad yn un clodwiw. Am bedair blynedd bu cannoedd o labrwyr yn cloddio'n ddyfal. Ond anghofiwyd am natur y graig, sef carreg galch. Pan lifodd y dŵr i mewn i'r gamlas fe ddiflannodd drwy'r calch gan adael y gamlas yn sych.

Ond prin bod angen i unrhyw Wyddel fod yn sych yn y Gorllewin tra mae 'na bobol sy'n dal i ddistyllu *poitin*, yr hylif anghyfreithlon a wneir o ferwi naill ai datws neu haidd mewn distyllbair. Mae'r hylif sy'n deillio o'r berwi a'r distyllu yn blasu fel rhyw gymysgedd o amonia a stripiwr paent; diod sydd, o'i hyfed, yn ddigon i gyrlio bysedd eich traed.

Mewn cwt bach cerrig, gwyngalchog cawsom y fraint brin o wylio distyllwr anghyfreithlon wrth ei waith, gorchwyl sydd, yn ei hanfod, heb newid ers canrifoedd. Yr unig anghenion yw dwy gasgen fetel, pibau pres, tân, dŵr a thatws neu rawn. Yn y naill gasgen berwir y tatws. Fe â'r stêm drwy'r pibau i'r ail gasgen lle mae dŵr oer yn troi'r stêm yn hylif. Ac allan drwy'r gwaelod difera'r *poitin*.

Unig gonsesiwn y distyllwr diedifar i'r byd modern oedd defnyddio gwresogydd nwy i ferwi'r hylif, yn hytrach na thân mawn. Ond daliai i lenwi'r uniadau rhwng y pibau a'r casgenni â thoes, yn ôl y traddodiad.

Yn ôl y distyllwr dienw, roedd neb llai na Sant Padrig ei hun yn gwneud *poitin*. Ac ef oedd y cyntaf. Dipyn gwahanol i Ddewi Ddyfrwr! Yna fe drosglwyddodd Padrig ei wybodaeth i'r werin, a dyna pam nad oedd y gwron yn poeni o gwbwl ei fod e'n torri'r gyfraith.

'Fy nhad wnaeth drosglwyddo'r grefft i mi. Mae hi'n rhan o'm treftadaeth, yn rhan o fod yn Wyddelig,' meddai. 'A'r unig reswm y mae'r Llywodraeth yn ei wahardd yw am nad yw'n cael unrhyw elw allan ohono.'

Ond onid yw'r stwff yn beryglus?

'Ddim o gwbwl. Fel pob math ar alcohol, fe'i camddefnydd-iwyd. Ond dydi e ddim yn beryglus. Wnaiff e ddim lladd neb.'

Yn bersonol, fyddwn i ddim yn rhy siŵr am yr honiad olaf yna. Ond wrth adael y cwt cerrig gwyngalchog roedd fy ngherddediad i'n ysgafnach a'm tafod yn fwy rhydd wrth imi ganu rhyw deyrn-ged fach i wlith y mynydd:

> 'Let grasses grow and waters flow
> In their free and easy way,
> But give me enough of the rare old stuff
> That's made near Galway Bay.
> For it fills the air with a perfume rare
> And betwixt both me and you,
> As home you roll, you can take a bowl
> Or a bucket of the mountain dew.'

Yeats a ddisgrifiodd Wrthryfel y Pasg 1916 fel *a terrible beauty*. Lluniwr Datganiad y Gwrthryfel oedd yr athro a'r bardd ifanc Padraig Pearse a ddienyddiwyd am ei ran yn y Gwrthryfel hwnnw. Ac yng Nghonnemara, mewn bwthyn bach gwyngalchog yn Ros Muc, yr ysgrifennodd y rhan fwyaf o'i waith.

Dod yno'n achlysurol i fyfyrio ac ysgrifennu wnaeth Pearse. Dod i Ros Muc, neu Benrhyn y Moch, i fyw am gyfnod wnaeth Gwyneth Wyn. Mynd yno am chwe mis i loywi'r iaith oedd y bwriad, ond dair blynedd yn ddiweddarach roedd hi yno o hyd.

Ac o sgwrsio â Gwyneth mae'n hawdd addasu'r geiriau *a terrible beauty* i ddisgrifio Connemara hefyd. Prin fod yna fan prydferth-ach ar wyneb daear Duw. Prin fod yno le tristach chwaith.

Roedd Gwyneth yn un o bileri Gŵyl Werin y Cnapan yn Ffost-rasol, ac mae'r pentre hwnnw bellach yn efaill answyddogol i Ros Muc. Bu Gwyneth yn ffodus i fod â dawn i arlunio a dylunio mewn ardal lle mae gwaith mor brin â gobaith.

'Mae ymron 90 y cant yn ddi-waith yma. Ac mae'r allfudo yn

ofnadwy. Allan o'r bobol ifainc, hyd yn oed yn y cyfnod y bûm i yma, rwy'n siŵr fod 50 i 60 y cant ohonyn nhw wedi mynd. Mae Boston yn cael ei hadnabod fel prifddinas Connemara.'

Ar wahân i dyddynnod, lle mae'r dulliau ffermio yn dal yn draddodiadol, mae hynny o swyddi sydd ar gael yno yn cael eu creu fesul un a dwy, drwy ymdrech fawr. Y prif gyflogwr oedd y dafarn, a oedd hefyd yn fusnes trin mawn a gwymon ac yn trefnu angladdau. Ond roedd yno un fenter a oedd yn apelio'n fawr at rywun fu mor weithgar gyda'r Cnapan, sef gŵyl *Plearacas*.

'Mae hi wedi datblygu i fod yn rhywbeth mwy na jyst gŵyl. Mae ganddyn nhw swyddfa yn Ros Muc sy'n cyflogi dwy. Hefyd, yn ogystal â hynny, maen nhw'n trefnu cyrsiau ac yn cyflogi pobol leol i ddysgu ar y cyrsiau yma. Felly maen nhw'n ceisio datblygu pethe'n ara deg.'

Mae Iwerddon yn cael rhyw afael rhyfedd ar bobol. Siân Dole a Dai Smith o Benbre, Alun Evans o Bandy Tudur, Gwyneth Wyn o Ffostrasol. Pedwar a aeth, yn wreiddiol, yno dros dro ond yn canfod fod yna rywbeth yn y tir oedd yn mynnu eu cadw yno. Yn anfoddog y gwnes innau adael Connemara wrth droi at gymal ola'r daith.

Munster

Dychmygwch fowliwr mor gyflym â Fred Truman yn hyrddio pêl ar gyflymdra o naw deg milltir yr awr hyd bellter o dros ddaucan llath. Ychwanegwch y ffaith nad pêl o ledr mohoni ond un haearn, yn pwyso 28 owns. Ystyriwch y ffaith fod hyd at chwe mil o gefnogwyr yn gwylio, a'r rheiny – yn hytrach na llechu yn ddiogel y tu ôl i'r bowliwr – yn sefyll yn llwybr y bêl ar faes y gad. Os medrwch chi ddychmygu hynna oll, yna dyna i chi ryw fath o syniad beth yw bowlio ffordd, y gamp fwya gwallgo o unrhyw gamp dan haul. Ac wrth gwrs, yn Iwerddon – ble arall – y caiff ei chwarae.

Fe ges i'r fraint amheus o fod yn bresennol yn Bandon, Swydd Corc, pan gynhaliwyd Pencampwriaeth Senglau Bowlio Ffordd y Byd. Rhywbeth dibwys yw'r ffaith mai dim ond yn Iwerddon y caiff y gamp ei hymarfer. Yn wir, prin y gellir ei disgrifio fel pencampwriaeth Iwerddon hyd yn oed gan mai dim ond mewn dwy ardal, Corc yn y De ac Armagh yn y Gogledd, y caiff ei chwarae. Ond mae Pencampwriaeth Senglau Bowlio Ffordd y Byd yn swnio'n grandiach.

Cynhelir y bencampwriaeth ar un o ffyrdd y wlad, sy'n cael ei chau i drafnidiaeth am y dydd. Y gamp i'r ddau gystadleuydd yw taflu'r bêl gyda'r nifer lleiaf o dafliadau dros gwrs o dair milltir. Ac o sefyll ar ganol y ffordd ynghanol torf wallgo, yr unig rybudd i chi wylio'ch hun pan fo'r bêl yn dynesu yw gwaedd ar ôl gwaedd: 'Watch the ball! Watch the ball!' Yna mae'r dorf yn gwahanu fel y Môr Coch o flaen Moses, yn neidio i fyny ac i lawr fel pethe gwallgo wrth fawrygu eu harwr neu ddamnio eu gelyn ac yn cyfnewid miloedd o bunnoedd mewn arian betio.

Mae'r dechneg o daflu'r bêl, fel popeth arall ynglŷn â'r gamp, yn gymhleth. Gosoda'r taflwr ddyrnaid o wellt wedi'i dynnu o'r clawdd fel marc, yna fe â yn ôl tua ugain llathen a chychwyn rhedeg. Ychydig cyn cyrraedd y marc mae'n neidio i'r awyr, a chyda'i ddwy droed yn cicio mewn gwagle fe hyrddia'r bêl â holl nerth bôn braich. Ymddengys fel melin wynt neu ryw Dderfish chwyrlïol. Canlyniad yr ymarferiad yw fod y bêl yn hedfan tua hanner can llath drwy'r awyr cyn hitio'r ffordd a sgrialu ei ffordd ymlaen am ymron ddau can llath ymhellach rhwng coesau'r cefnogwyr. Ble bynnag y daw i stop mae'r marc yn cael ei osod ar gyfer y tafliad nesaf.

Ond nid nerth bôn braich yw'r unig anghenraid. Gall y taflwyr gorau beri i'r bêl rolio rownd troeon. Mae hi'n gamp unigryw sy'n medru tanio'r dychymyg a thymer y cefnogwyr fel ei gilydd. Ac o wylio'n fanylach fe ddaw'n amlwg fod techneg wahanol gan fowlwyr Corc o'u cymharu â bowlwyr Armagh. Mae bowlwyr Corc yn troi'r fraich yn gylch cyn gollwng y bêl ond bowlwyr Armagh yn bowlio dan yr ysgwydd.

Ar ôl pob tafliad fe symuda'r cystadleuwyr yn eu blaenau tra bo'r dorf yn symud o'u blaenau hwythau. Yn rhan o'r syrcas symudol mae tua hanner dwsin o garafannau bwyd, yr unig gerbydau a ganiateir ar y ffordd. Ac ar y prynhawn hwnnw o Orffennaf pan gefais i'r fraint amheus o fod yn bresennol, dim ond un plismon welwyd ar gyfyl y lle, ac roedd hwnnw'n un o'r cystadleuwyr!

Y plismon, neu'r *Garda*, Bill Daley oedd y pencampwr lleol a'r ffefryn ac fe fu ar y blaen ar ei wrthwynebydd o Armagh, John Toher, tan y tafliad olaf. A than y tafliad olaf hefyd ef oedd arwr mwyafrif mawr y dorf. Ond yna fe bechodd. Yn dilyn tafliad gwamal iawn fe gyhuddodd ei wrthwynebydd o dwyllo drwy ollwng y bêl o'r tu hwnt i'r marc. Fe ataliwyd y gêm am awr a hanner tra bu'r swyddogion yn dadlau. Ac fe drodd Bill Daley yr arwr yn '*bloody* Daley' y dihiryn. A llawenydd i bawb fu gweld y gŵr o Armagh yn ennill.

Wn i ddim sawl tro, yn Nulyn yn arbennig, y cefais fy nghamgymryd fel rhywun o Gorc. Teimla llawer o Wyddelod fod yna debygrwydd rhwng acen Corc ac acen rhannau o Gymru, yn arbennig ardal Abertawe. Ac wrth gynnal arolwg byrfyfyr ar y stryd fe gyfaddefodd nifer o drigolion Corc iddynt gael eu camgymryd am Gymry, yn arbennig felly gan Saeson.

Ac mae'n bosib nad cyd-ddigwyddiad yw hyn, yn ôl Padraig Ó Riain, sy'n Athro Celtaidd ym Mhrifysgol Corc. 'Dyna un o'r pethe wnes i sylwi arno fe'n arbennig pan wnes i fynd i Gymru'r tro cynta,' meddai. 'Roedd y peth yn drawiadol iawn. Mae cysylltiad agos rhwng Corc a De Cymru wedi bodoli ers y cyfnod pan ddaeth Cristnogaeth i Iwerddon. O Gymru y daeth Cristnogaeth yma. Mae'r peth yn gymhleth ond mae'r peth yn dangos fod yna, yn hanesyddol, gysylltiad clòs, clòs iawn rhwng De Cymru a De Iwerddon.'

Mae'r gair 'hanesyddol' yn air amlwg iawn yn Iwerddon. Pob pentre, tre a dinas yn hawlio digwyddiad a newidiodd hynt a helynt y genedl. All neb wadu hawl Kinsale, tua pymtheg milltir i'r de o ddinas Corc, i honni hynny – fel yr esboniodd Cymro alltud, Emyr Clwyd Evans, sy'n briod â merch o'r dre.

'Fe ddaeth y Sbaenwyr draw yma yn 1601 a chymryd drosodd y dre er mwyn helpu'r Gwyddelod i ymladd yn erbyn y Saeson. Ond fe'u trechwyd ac fe fu hynny'n drobwynt pwysig yn hanes Iwerddon.'

Y canlyniad fu adeiladu dau gastell caerog, Charles Fort a James Fort, er mwyn cadw pobol leol yn eu lle.

Heddiw, mae Kinsale yn denu pobol o bob rhan o'r byd, diolch i'r cyfleusterau hwylio ac, yn arbennig, safon y bwyd. Kinsale yw prifddinas *gourmet* Iwerddon. Dim rhyfedd fod gan yr arch-gogydd ei hun, Keith Floyd, gartre yno. Ac yn y Blue Haven, a ddewiswyd fel tŷ bwyta gorau Iwerddon am ei ddarpariaeth o fwydydd môr, fe ges i bryd a sgwrs bellach gydag Emyr, gan awgrymu ei bod hi siŵr o fod yn frwydr rhwng y gwahanol dai bwyta.

'Na, mae dwsin o'r prif dai bwyta yma wedi dod ynghyd i ffurfio grŵp, *The Good Food Circle* gyda'r bwriad o gryfhau'r diwydiant bwyta yma a cheisio sicrhau bwydydd safonol drwy'r dref i gyd.'

Os mai brwydr ddaeth ag enwogrwydd cynnar i Kinsale, ei

rhan mewn rhyfeloedd sy'n gwneud Ynys Bere yn wahanol i ynys-oedd eraill Iwerddon. Filltir a hanner o'r lan, yng ngheg Bantry Bay, bu'n bwysig ar hyd y blynyddoedd. Yno y glaniodd dynion Wolfe Tone, gyda chefnogaeth milwyr o Ffrainc, yn 1796. Fe fu garsiwn o fyddin Prydain yno cyn i Iwerddon ennill annibyniaeth ac o'r ynys yr hwyliodd llynges Prydain i ymladd Brwydr Jutland yn y Rhyfel Mawr – roedd y ganolfan Brydeinig yn dal yno hyd 1938, 16 mlynedd ar ôl annibyniaeth. Dyna pryd y tynnwyd i lawr Jac yr Undeb a chodi'r faner drilliw, a hynny mewn pryd i Iwerddon alw'i hun yn niwtral yn ystod yr *Emergency*, neu'r Ail Ryfel Byd. Mae'r cysylltiad milwrol yn parhau ar yr ynys gyda channoedd o gadlanciau o Wyddelod yn ymarfer yno gydol y flwyddyn.

Mae tua 200 o bobol yn byw yno heddiw, cysgod yn unig o'r hyn a fu, ond fe ddatblygodd yn ynys boblogaidd i dwristiaid. Yr hyn a'm trawodd i fwyaf yno oedd natur dolciog y ceir – welais i ddim casgliad tebyg o hen grocs yn unman!

Yno i'n cyfarfod ar Ynys Bere roedd fy hen gyfaill Richard Owen o Fodedern, a'i fws, a dyma ymuno ag ef ar daith ar hyd Penrhyn Bere. Yn anffodus fe ddifethodd y niwl a'r glaw mân yr olygfa a bu'n rhaid dychmygu'r prydferthwch.

Fe ddaeth y daith â'r cyfle cyntaf erioed i mi ymweld â Swydd Clare, un o siroedd prydferthaf – a thristaf – Iwerddon. Yma, yn anad yr un sir arall, y gwelir effaith Y Newyn Mawr – *An Gorta Mór* – ar ei waethaf.

Ym mis Medi 1845 y dechreuodd pobol sylwi fod haint oedd wedi effeithio ar datws yn America a thrwy Ewrop wedi cyrraedd Iwerddon. I bobol dlawd na allen nhw fforddio unrhyw fwyd arall roedd bygythiad i'r cynhaeaf tatws yn fygythiad i fywyd. Roedd ŷd Iwerddon yn cael ei ddanfon i Loegr, a landlordiaid yn fwy na pharod i droi pobol o'u cartrefi am fethu talu'r rhent. Mewn deng mlynedd bu farw miliwn o Wyddelod o newyn. Gadawodd mil-iwn eraill eu gwlad, am America yn bennaf. Ym mhlwyf Kilrush, er enghraifft, roedd mwy yn byw yno ar ddechrau'r newyn nag sy'n byw heddiw yn Clare gyfan.

Ble bynnag y crwydrwch chi, ar hyd a lled Clare, mae tai wedi mynd â'u pen iddynt yn britho'r tirlun fel crachau ar y gwyrddni. Yn ardal Loop Head, cyn y newyn, roedd poblogaeth o 18,000. Heddiw, 1,800.

Eto i gyd, yn Clare y mae'r gobaith am adferiad. Ganrif a hanner ar ôl y Newyn Mawr mae Clare ar y blaen gyda chynllun na welwyd mo'i debyg yn Iwerddon nac unrhyw wlad arall, am wn i, cynllun i ailboblogi cefn gwlad.

Gyrrwr bws yn Nulyn oedd Paul Murphy. Cododd ei bac a symudodd i Kilbaha. Ac yno mewn swyddfa ddi-nod aeth ati i weinyddu *Rural Resettlement Ireland*, mudiad a gychwynnwyd yn 1990 gan y cerflunydd Jim Connolly i helpu pobol o'r dinasoedd i symud i'r wlad. Mae'r mudiad yn cynnig cyngor ac yn chwilio am dai addas i'w rhentu. Bu'r ymateb yn syfrdanol.

'Ar hyn o bryd mae ganddon ni 2,500 o deuluoedd ar y rhestr aros,' medd Paul. 'A rydyn ni wedi helpu 128 o deuluoedd i ymsefydlu yma yn y Gorllewin.'

Pobol ddi-waith yw'r mwyafrif mawr sydd am symud. Does dim gwaith yng nghefn gwlad chwaith. Ond fe drefnir cyrsiau hyfforddi ar eu cyfer ac mae 'na gyfle am fywyd heb orfod ysgwyddo beichiau'r ddinas fawr, cyffuriau, dwyn, fandaliaeth, mygio ac ati.

O stad anferth yn Nulyn y symudodd Theresa McMahon a'i theulu i fyw mewn bwthyn ger Loop Head. A doedd ei merch, Joanne, ddim yn edifar.

'Yn Nulyn roedd 42 o blant yn fy nosbarth i,' meddai. 'Yma does ond 28 yn yr ysgol gyfan.'

Beth am ymateb y fam?

'Pan ddaethon ni yma roeddwn i'n ofni y bydden ni'n unig, wedi'n hynysu ar ein pen ein hunain. Ond rydyn ni'n cwrdd â mwy o bobol fan hyn nag a wnaethon ni erioed yn Nulyn.'

A dyna farn pob un a fentrodd i'r wlad yn groes i lif y canrifoedd.

O dawelwch trist, ond gobeithiol, Swydd Clare, dyma gyrraedd cacoffoni o sŵn a bywiogrwydd Puck Fair yn Killorglin yn Sir Kerry. Roeddwn i wedi clywed am y digwyddiad tridiau pan

Cyfaredd Kerry.

goronir bwch gafr yn frenin. Ond doeddwn i ddim wedi fy mharatoi fy hun ar gyfer y fath wallgofrwydd. Cyfunwch Ffair y Borth, marchnad geffylau Llanybydder a Gŵyl Werin y Cnapan a dyna i chi ryw syniad o'r awyrgylch.

Puck Fair, a gynhelir rhwng y 10fed a'r 12fed o Awst, yw'r ŵyl hynaf yn Iwerddon. Fe aiff ei gwreiddiau'n ôl i niwloedd hanes a chytuna'r haneswyr fod y bwch gafr a goronir bob blwyddyn yn symbol paganaidd o ffrwythlondeb ac fe all mai hen ddathliad o ddiolchgarwch am y cynhaeaf yw'r ffair.

Y diwrnod cyntaf yw Diwrnod y Crynhoi pan arweinir y bwch gafr drwy'r dre mewn gorymdaith sy'n cynnwys bandiau o bibyddion a drymwyr a charnifal lliwgar. Mae'r dre'n llawn o gerddorion sy'n perfformio y tu allan i'r tafarndai, sydd ar agor drwy'r nos.

Uchafbwynt y diwrnod yw codi'r bwch gafr, sy'n hanu fel arfer o'r bryniau uwchlaw Dulyn, i ben tŵr 50 troedfedd o uchder a chyhoeddir rhyddid y dre ar ran y Brenin Puck i bawb sy'n bresennol. Ac yno, ymhell uwchlaw'r dathliadau, y treulia'r bwch gafr y tridiau. Ef yw Ei Uchelder Brenhinol yn llythrennol.

Yn ôl un hen ddywediad yn Killorglin, '*this is the only place on earth where the goat acts the king and the people act the goat*'.

Fe gefais gwmni Emlyn Jones, yn wreiddiol o Langynog ym Maldwyn, ond sy'n byw bellach yn Killorglin. Ond ydi'r driniaeth i'r bwch gafr, druan, ddim yn greulon?

'Na, mae ganddo do uwch ei ben a digon o fwyd a dŵr am dridiau. Yn wir, mae'n well ei fyd fan hyn nag ar unrhyw adeg arall yn ei fywyd.'

Yn draddodiadol, cynhelir y farchnad geffylau ar y diwrnod cyntaf a'r farchnad wartheg ar yr ail ddiwrnod. Yna, ar y trydydd diwrnod, a enwir yn Ddydd y Gwasgaru, diorseddir y brenin gan ei droi, unwaith eto, yn fwch gafr cyffredin. Er bod ei deyrnasiad ar ben ni chaiff ei anwybyddu. Caiff ei arwain unwaith eto o gwmpas y dref cyn cael ei gludo'n ôl i grwydro'n rhydd ar hyd mynyddoedd Wicklow.

Fe aeth rhan ola'r daith â mi o wallgofrwydd swnllyd Killorglin i un o'r mannau tawelaf yn Iwerddon. Ac unwaith eto, fel yn Clare, mae'r tawelwch yn gyfystyr â thristwch.

Mae hi'n fordaith o dri chwarter awr mewn cwch agored o Dunchaoin yng Ngorllewin Penrhyn Dingle ar draws y swnt i An Blascaod Mór, neu'r Blasged Mawr, y fwyaf o'r clwstwr o hanner dwsin o ynysoedd y Blasged. Yr ynysoedd hyn yw'r darnau tir mwyaf gorllewinol yn Ewrop.

Fe wyddwn i ryw ychydig am An Blascaod Mór drwy lyfrau. Cynhyrchodd hanner dwsin o awduron yr ynys gynifer â 17 o lyfrau rhyngddynt ac fe gyfieithwyd eu gwaith i sawl iaith, gan gyflwyno cofnod unigryw o fywyd sydd wedi hen ddiflannu.

Gadawodd y bobol olaf eu cartrefi ar yr ynys ar ddechrau'r '50au ond fe gytunodd un, a oedd wedi gadael cyn hynny, i ddod yn ôl gyda ni i ddangos ei hen gartre. Mae Eiblís Ní Cheorna wedï byw ers blynyddoedd yn Connecticut yn yr Unol Daleithiau. Pymtheg oed oedd hi'n gadael yr ynys.

Ar y daith draw i'r ynys fe esboniodd mai i Springfield ym Massachusetts yr aeth y mwyafrif o'r ynyswyr. A hyd yn oed cyn y rhyfel roedd mwy o'r ynyswyr yn byw yn Springfield nag a oedd ar y Blasged.

Does neb yn byw ar yr un o'r ynysoedd bellach, er bod y cyn-Brif Weinidog Charlie Haughey yn berchen tŷ ar un o'r ynysoedd llai, Inis Mhicileain. Ac fe fydd bugail yn treulio ychydig o amser ar An Blascaod Mór.

Ddechrau'r ganrif roedd naw ar hugain o dai a chant a hanner o bobol yn byw ar An Blascaod Mór. Doedd y gymdeithas ddim heb ei phroblemau a'i chwerylon, fel pobman arall. Ond nid gor-ramantiaeth yw dweud eu bod nhw'n bobol ddiwylliedig, hoff o ddweud storïau, gyda chantorion a ffidlwyr yn y rhan fwyaf o'r tai.

Ond heddiw dim ond waliau cerrig sydd ar ôl i ddangos lle bu cartref Eiblís Ní Cheorna, un o naw o blant. Ei thad oedd postman yr ynys ac mewn rhan o'r tŷ y cadwai swyddfa'r post. Mae amryw o'r plant oedd yn byw o'i chwmpas bryd hynny yn dal yn gymdogion iddi ar draws Môr Iwerydd.

Y tîm sy'n bwysig … y criw ar leoliad ar Ynys Blasged, Munster.

Fedrwn i ddim llai na theimlo lwmp yn fy ngwddf wrth wylio Eiblís yn crwydro drwy'r danadl poethion lle gynt y bu gardd y teulu. Ar y cwch ar y ffordd draw roedd hi wedi ymdynghedu na wnâi hi grio. Ond crio wnaeth hi. A phwy fedrai ei beio?

'Pan feddylia i'n ôl i ddyddiau ieuenctid fe fydda i'n cofio am fy rhieni, fy mrodyr – does ond ychydig ohonon ni ar ôl. Mae gen i chwaer yn Nulyn, brawd yn Dingle, a minnau yn America. Mae'r teulu wedi'i wasgaru fel llwch o flaen y gwynt, ddwedwn i.

'Fe fedra i gofio chwarae allan fanna gyda gweddill plant y pentre. Yna tyfu a mynd yn hŷn a byw ymhell oddi yma a gwybod na fyddwn i byth yn dod yn ôl i fyw yma mwy. Ond doedd fawr o ddewis. Pan adawodd llawer o'r to ifanc fedrai'r bobol hŷn ddim dygymod â'r bywyd. Cario cwch ar eu cefn lawr i'r harbwr, er eng-hraifft. Fe adawodd y merched ifanc i gyd, ac yna'r menywod. A dyma'r gweddill yn meddwl mai'r peth callaf fyddai iddyn nhw adael hefyd.'

Oedd hi ddim yn teimlo'n drist o orfod gadael?

'Doedd gen i ddim dewis.'

Do, fe gefnodd pawb gan adael ar eu hôl dawelwch rhyfedd ac ildio'r ynys i'r defaid a'r adar môr. Ond fe adawsant drysorau ar eu hôl, etifeddiaeth nad â fyth yn angof. Tra bo cyfrolau Tomás Ó Crohan, Peig Sayers a Maurice O'Sullivan yn dal i gael eu darllen fe fydd An Blascaod Mór yn dal i brocio'r dychymyg.

Fe wnes i ffarwelio â'r pentre y tu allan i hen gartre Tomás Ó Crohan, y mwyaf ohonynt, siŵr o fod, a'r cyntaf o werinwyr yr ynys i bontio'r bwlch rhwng canrifoedd o draddodiad llafar a'r gair ysgrifenedig.

Wrth droi'n ôl am y cwch, geiriau olaf Tomás o'i gyfrol wych *Yr Ynyswr* oedd yn dod i'r cof: 'Fydd yna neb yn debyg i ni fyth yma eto.'

Ar fy ffordd adre fe fu'n rhaid dal trên o Gyffordd Limerick i Ddulyn a theithio yng nghwmni'r dyn camera, Mick O'Rourke. Ac wrth weld gorsaf Heuston yn nesáu, ar ôl teithio dair mil o filltir-oedd o gwmpas Iwerddon, dyma dynnu anadl o ryddhad.

'Diawch, mae'n neis bod adre.'

Fe edrychodd Mick braidd yn od arna i.

'Adre? Diawl, be sy'n bod arnat ti? Dulyn yw hwn. Ro'n i'n meddwl mai Cymro oeddet ti?'

Do, fe wnes i deimlo braidd yn dwp. Ond fe allwn i dyngu 'mod i wedi dod adre.

Y FFORDD
I JOHN O'GROATS

O ye'll tak' the high road, and I'll tak' the low road
And I'll be in Scotland afore ye ...

Anhysbys

O Gretna i Glasgow

Peidiwch â mynd i Gretna Green os ydych chi'n disgwyl lle rham-antus. Arhoswch gyda'ch Mills and Boon, a breuddwydiwch. Dydi'r pentre bellach yn ddim byd mwy na ffair wagedd sy'n masnachu priodasau.

A thwll o le yw John O'Groats, dim byd mwy na phenrhyn diflas sy'n swatio yn strem y gwynt. Ac er gwaetha'r dybiaeth boblog-aidd, dydi e ddim hyd yn oed y man mwyaf gogleddol o dir mawr gwledydd Prydain.

Ond mae hi'n werth mynd i'r Alban er mwyn mwynhau'r wlad sy'n gwahanu'r ddau begwn.

Man cychwyn i mi oedd Gretna Green, pentre a lwyddodd i droi priodi yn ddiwydiant fel y llwyddodd Reno, Nevada, i droi ysgariad yn fusnes. Heb y diwydiant priodi, fyddai Gretna Green yn ddim byd mwy na phentre ffin di-sôn-amdano fel Llynclys neu Bontrilas.

Er bod y gwahaniaethau cyfreithiol a sbardunodd gannoedd o barau ifanc i ffoi i'r efail enwog i briodi wedi hen ddiflannu, mae mwy o gyplau nag erioed yn cael eu denu yma gan ramant y gorff-ennol i ymuno mewn glân briodas. Ac o'r herwydd, er mawr fodd-had i berchenogion siopau a gwestai, maen nhw'n dal i gadw Gretna Green ar y map. Mae'r droriau arian yn canu'n uwch na seiniau'r Orymdaith Briodasol ac yn atseinio'n gliriach na thinc y morth-wyl ar yr eingion. Ac yn y siopau fe allwch brynu unrhyw beth, o eingion fach fetel i siôl dartan, o bedol blastig lwcus i dedi bêr sy'n canu **Scotland the Brave**.

Yn 1753 y cychwynnodd y rhuthr i briodi i Gretna Green, yn dilyn llunio deddf newydd yn Lloegr yn gwahardd cyplau rhag priodi heb fendith eu rhieni. Ond doedd y ddeddf ddim yn berthnasol i'r Alban. A chan mai Gretna oedd y man agosaf, yno yr heidiai'r cyplau. Yr unig anghenraid yno oedd i barau gyhoeddi o flaen dau dyst eu bod nhw am briodi. Ac o ddechrau'r 18fed ganrif y gof, fel arfer, a weinyddai'r gwasanaeth priodas fel 'offeiriad eingion'. Rhwng '20au'r ganrif hon hyd y '40au fe briododd un gof gyfanswm o 5,147 o gyplau dros yr eingion.

Yn 1940 cyhoeddwyd fod priodasau o'r fath yn anghyfreithlon ond fe gaiff offeiriad ddal i weinyddu'r seremoni o flaen yr eingion. Ac mae 'na fynd o hyd ar briodasau Gretna rhwng pobol ifainc gan mai un ar bymtheg yw oedran priodi yn yr Alban tra mae'n ofynnol bod yn ddwy flynedd yn hŷn yng ngweddill Prydain.

Seremonïau ffug a gynhelir amlaf yn yr efail bellach, seremonïau ar gyfer parau sydd eisoes yn briod neu ar gyfer parau a fydd yn cadarnhau yn swyddogol eu huniad yn ddiweddarach yn swyddfa'r cofrestrydd yn y pentre. Ond rhyw unwaith yr wythnos fe gynhelir seremoni briodas go iawn gyda gweinidog yr efengyl yn gweinyddu seremoni briodasol o flaen yr eingion.

Ar y diwrnod yr ymwelais i â'r lle roedd pâr o Lundain, Jason a Lisa, ynghyd â theuluoedd o'r ddwy ochr, wedi teithio'r holl ffordd i'w priodi gan weinidog yn yr efail. A dyna'r gwahaniaeth mawr. Gweinidog, yn hytrach na gof, sy'n taro'r eingion i ddynodi fod dyn a menyw bellach yn ŵr a gwraig. Y gweinidog wnaeth weinyddu'r uniad oedd y Parchedig Adam Barr. Fe weinyddodd wasanaeth priodas yn yr efail am y tro cyntaf yn 1987 a honno oedd ond y bedwaredd seremoni go iawn i'w chynnal yno ers 1940.

'Ond yn ystod y flwyddyn ddiwethaf mae 'na fwy o hyrwyddo wedi digwydd ac mae mwy a mwy yn priodi bellach yma yn Gretna,' meddai.

Ond pam wnaeth Jason a Lisa fynd i'r drafferth o deithio'r holl ffordd o Lundain i briodi yno? Y rhamant, yn ôl Lisa. A theimlai fod y cyfan wedi bod yn werth y drafferth.

Mae 'na 350 o filltiroedd rhwng Gretna a John O'Groats, ac mae hynny'n rhoi rhyw syniad i rywun pa mor fawr, mewn gwirionedd, yw'r Alban. Mae hi bedair gwaith yn fwy na Chymru. Ond yn hytrach na thaith brân, yn fy wynebu i roedd taith igam ogam dros dir a môr heb fawr o syniad beth i'w ddisgwyl nesa, taith mewn cwch ac ar feic, mewn car cêbl a char heddwas, a hyd yn oed mewn bws post. Ond y gobaith, ar ôl ffair wagedd Gretna, oedd llwyddo i gadw'n glir oddi wrth fannau oedd yn denu twristiaid a phererinion Murrayfield. Yn sicr, roedd y gyrchfan nesaf ymhell o fod yn gyrchfan ymwelwyr, er mai tynged trychinebus ymwelwyr o Gymru wnaeth fy nenu i yno.

Unig enwogrwydd pentre Twynholm yn Galloway heddiw yw mai yno mae cartref y rasiwr ceir David Coulthard. Ond ym mynwent y plwyf ceir carreg fedd ac arni arysgrif Gymraeg yn cynnwys geiriau R. Williams Parry o'i englynion coffa i Hedd Wyn, 'Mwyaf garw, marw ymhell'. Mae'r garreg yn dynodi bedd teulu cyfan o Gymry, gŵr a gwraig a'u pum plentyn.

Dydd Sul, 26 Ebrill 1816 oedd hi, a thrigolion Twynholm ar eu ffordd i'r capel i gyfarfod y bore. Gerllaw hen bwll grafel fe welsant asyn yn brefu'n druenus. Wrth ei ymyl, bron wedi'i chuddio gan y grafel, roedd cert fechan a thelyn wedi'i chlymu arni. O gloddio'n ddyfnach dyma ganfod cyrff dyn a menyw a phump o blant, y cyfan wedi marw. Roedd gan y dyn un swllt ar ddeg yn ei boced a chopi o dystysgrif briodas a roddwyd iddo yn Llandygái.

Roedd y dyn, Huw Prichard o Dregarth, wedi colli'i olwg yn Rhyfeloedd Napoleon. Wedi hynny fe aeth ef a'i wraig Neli o Landygái, a adwaenid fel Neli Ddu, yn gerddorion crwydrol.

Ar eu ffordd adre o Iwerddon roedd Huw a Neli a'u plant pan gawson nhw'u dal yn hwyr y nos mewn storm o fellt a tharanau. Mae gweinidog presennol Twynholm, Christopher Wallace, yn gyfarwydd iawn â'r stori.

'Fe wnaethon nhw guro drysau mwy nag un Mans yn yr ardal. Ond ymhob un fe'u trowyd i ffwrdd. Fe wnaethon nhw guro ynghanol y storm ar ddrws y Mans lle'r ydw i'n byw yn Twynholm, a'r un fu'r stori yno – eu troi i ffwrdd o dŷ lle'r oedd o leiaf bedair llofft wag.'

Y canlyniad fu iddyn nhw lochesu mewn hen chwarel grafel. Ond o ganlyniad i'r glaw trwm fe ddymchwelodd ochrau'r chwarel drostynt a'u lladd i gyd. Yn eu plith roedd baban yng nghôl ei fam.

Yng nghornel y dieithriaid yn y fynwent y'u claddwyd. Yna, ymhen blynyddoedd, fe dalwyd am garreg fedd i'w gosod uwch eu pen gan weinidogion yr ardal. Arian cydwybod? Roedd ateb y Parchedig Wallace yn un gonest.

'Rhan o'n gwaith ni yn y weinidogaeth yw gofalu am yr anghenus a'r rhai sy'n chwilio am loches a doedd gadael y teulu hwn allan yn y fath storm ddim yn adlewyrchiad da ar ein plwyf nac ar ein gweinidogion.'

Fe gyfansoddodd bardd lleol, George Murray, gerdd goffa i'r teulu ac fe ddyfynnir ohoni ar y garreg fedd wreiddiol. Ond mae 'na gysylltiad llenyddol arall. Fe anfarwolwyd Huw Prichard gan neb llai na Syr Walter Scott yn ei nofel *Redgauntlet*. Ynddi mae 'na gymeriad o'r enw Wandering Willie. Pwy oedd Wandering Willie? Neb llai na Huw Prichard o Dregarth.

Ond beth am y garreg Gymraeg? Y diweddar Ernest Roberts fu'n gyfrifol am sicrhau'r hawl i'w gosod yno a Thomas Parry luniodd yr arysgrif: 'Er cof am Huw Pritchard a'i wraig a'u pum plentyn a grwydrodd yma o blwyf Llandygái, Arfon. "Mwyaf garw, marw ymhell".'

Dyma adael y darn bach o dir a fydd, yn dragywydd, yn ddarn o Gymru, a throi am yr arfordir gorllewinol. Ac ugain milltir o'r fan lle claddwyd telynor o Gymro a'i deulu roedd sŵn telyn Gymreig arall i'w chlywed yng Nghastell Culzean, adeilad dramatig a godwyd yn y 18fed ganrif ar lan y Firth of Clyde. Y delynores oedd Eluned Pierce o Landdarog a symudodd i fyw i Glasgow ac ymuno â Cherddorfa Genedlaethol yr Alban.

'Rwy wedi bod yma droeon,' meddai Eluned. 'Hwn yw'r seithfed neu'r wythfed tro i mi chwarae yma ar fy mhen fy hun. Mae'n hyfryd cael dod yma. Gan amlaf rwy wedi digwydd dod yn yr haf pan mae'r tywydd yn braf. Ddim yn aml y cewch chi olygfa fel hon y tu ôl i chi pan fyddwch chi'n rhoi datganiad.'

Ac roedd hi'n iawn. Mae'r castell yn edrych allan dros Ynys Arran, y Mull of Kintyre, Jura ac Islay. Ar ddiwedd yr Ail Ryfel Byd fe roddwyd ystafelloedd yn y castell i General Eisenhower fel arwydd o ddiolchgarwch. Roedd croeso i'r Arlywydd ddefnyddio'r lle weddill ei oes. Ac mae'r ystafelloedd yn dal i gael eu hadnabod fel yr 'Eisenhower Suite'.

'Fe ges i'r fraint o aros yno yn ei stafell wely un noson,' meddai Eluned. 'Chefais i fawr o gwsg. Ond nid am fy mod i'n ofni y byddai ei ysbryd yn ymddangos. Pryfed cop yn y stafell ymolchi oedd y broblem. Rwy'n siŵr fod rhai ohonynt yno ers amser Eisenhower!'

Os mai miwsig telyn wnaeth fy hudo yng Nghastell Culzean, seiniau clychau yn cael eu canu gan y gwynt wnaeth fy nghroesawu i ganolfan anghyffredin iawn ym mherfeddion coedwig Esk-dalemuir yn Swydd Dumfries. Yno, mewn llecyn yn y goedwig fwyaf yn Ewrop, mae cornel fach o Tibet.

Teml Samye Ling gyda'i tho aur ysblennydd yw'r ganolfan bwysicaf, a'r gyntaf, yn y byd gorllewinol i'r rhai sy'n ymddiddori yn nhraddodiad Bwda Tibet. Fe fu'r Dalai Lama ei hun yno unwaith, ond mae drysau'r deml a'r gymuned o'i chwmpas yn agored i bawb.

Aiff rhai yno i astudio crefydd, meddygaeth neu ddiwylliant Tibet, rhai o ran chwilfrydedd, a'r rhan fwyaf, hwyrach, yn chwilio am dawelwch meddwl. Aiff rhai am gyrsiau penwythnos, eraill am flynyddoedd.

Americanwr a fwriadai aros am flwyddyn, ond a oedd yn dal yno ar ôl wyth mlynedd, oedd Tom McCarthy. A chanddo ef y cefais gefndir sefydlu'r ganolfan.

'Yn 1967 fe ddaeth dau Lama ifanc allan o Tibet a theithio i'r Alban. Fe'u croesawyd yma ac ymgartrefodd y ddau. Dyna oedd cychwyn canolfan Samye Ling. Ystyr "Samye" yw tu hwnt i amgyffred, a dywed yr Abad fod y lle hwn rywle y tu draw i'ch breuddwydion eithaf.'

Fel rhan o'r astudiaethau dysgir iaith Tibet, sy'n cael ei mygu yn ei gwlad ei hun gan y drefn wleidyddol. Mae'r un peth yn digwydd i'r hen draddodiadau. Mae gweithgareddau Samye Ling, felly, yn bwysig i ddyfodol y Famwlad. 'Dinistriwyd dwsinau o fynachlogydd a lladdwyd miloedd o bobl yn Tibet ac roedd y trigolion mewn perygl o golli eu treftadaeth. Felly, yma yn yr Alban, fe sefydlwyd y ganolfan hon fel rhyw dŷ gwydr neu loches er mwyn cadw'r diwylliant. A nawr rydyn ni'n danfon disgyblion oddi yma yn ôl i Tibet i weithio yno.'

Roedd 1966 yn dynodi dau canmlwyddiant marw bardd enwoca'r Alban, Robert Burns. Fe'i ganwyd mewn bwthyn yn Alloway, Swydd Ayr, tŷ sydd bellach yn amgueddfa goffa. Mae'n anodd meddwl am fardd sy'n cael mwy o barch gan ei bobol ei hun, ac nid gan yr ysgolheigion yn unig. Caiff ei ben blwydd bob mis Ionawr ei ddathlu mewn ciniawau drwy'r byd. Mae pob Albanwr gwerth ei halen yn cofio o leiaf rai o'i linellau ac mae miloedd o ymwelwyr yn galw yn y ganolfan Tam O'Shanter yn Alloway, a enwyd ar ôl un o'i weithiau enwocaf.

Cymro sy'n weinidog yn yr ardal yw'r Parchedig John Owain Jones, ac mae ganddo ddiddordeb mawr ym mywyd a gwaith Burns. Pam fod y bardd mor boblogaidd?

'Wel, mae rhyw ddyndod yn perthyn iddo fo, mae o'n siarad am betha mae pobol yn eu dallt, emosiynau, gwendidau yn aml iawn, ac mae o'n siarad yn iaith y bobol, ac eto iaith grefftus, iaith farddonol. Mae'n cyfathrebu'n effeithiol. A dwi'n meddwl mai dyna'i gyfrinach o.'

O sôn am wendidau pobol, onid oedd e'n adlewyrchu tipyn o'i fywyd ei hun?

'Llawer iawn o'i fywyd ei hunan. Tasa fo wedi bod yn aelod efo fi mi fuaswn wedi'i ystyried fel problem fugeiliol!'

Dim ond 37 oed oedd yr aderyn brith pan fu farw o drawiad ar ei galon ym mis Gorffennaf 1796.

Pan symudodd John Owain Jones a'i deulu i'r Mans yn Colmonell ger Girvan fe welson nhw drysor ymhlith y dodrefn. Llun digon cyfarwydd o Robert Burns. Ond ar y gwaelod mae'r hyn sy'n ymddangos fel llofnod y bardd ei hun – a hwnnw'n un dilys.

Dyma adael cefn gwlad a throi am ddinas Glasgow. *Glasgow's Miles Better* medde slogan dinas fwya'r Alban. 'Gwell nag oedd hi,' medd y bobol sy'n rheoli ac yn gweithio i geisio gwella'i delwedd. 'Gwell na Chaeredin,' medd trigolion Glasgow. 'Dinas fyrlymus, gyfeillgar gyda phensaernïaeth gyfoethog a pharch i'r celfyddydau,' medd rhai. 'Dinas galed Rab C. Nesbitt a Billy Connolly,' medd eraill. Mae'n siŵr fod gwir yn yr holl ystrydebau hyn.

Fe ges i gyflwyniad i'r ddinas ar daith feic gwbwl wallgof yng nghwmni merch o Fethesda oedd yn adnabod pob cornel o'r lle. Roedd Tegwen Northam yn rhannu ei hamser rhwng ei gwaith fel negesydd yn cario llythyrau a pharseli ar feic ac astudio am radd mewn peirianneg mecanyddol. Cyfarfod â Tegwen oedd un o uchel-fannau'r daith drwy'r Alban, merch fyrlymus a ffraeth – ond cythraul ar feic! Roedd ceisio'i dilyn ar hyd strydoedd prysur y ddinas yn hunllef, gyda Tegwen yn torri pob un o reolau'r 'Cwîns Hei-Wê,' chwedl Ifas Cariwr. Roedd cadw i fyny â hi'n golygu fod yn rhaid i minnau bedlo drwy bob golau coch yn Glasgow, bron iawn.

Roedd Tegwen ei hun yn cyfaddef ei fod e'n waith peryglus, yn enwedig yn y gaeaf.

'Mae'r strydoedd yn llawer mwy llithrig bryd hynny gan fod y petrol yn codi o'r tarmac efo'r dŵr. Ac mae pobol yn croesi'r lonydd heb sbio. Dy'n nhw ddim isio codi'u pen rhag ofn iddyn nhw ddifetha'u gwallt.'

Roedd damweiniau'n bethau mor rheolaidd i Tegwen – roedd hi'n disgyn oddi ar ei beic o leiaf unwaith yr wythnos – fel nad oedd hi'n poeni er iddi dorri esgyrn nawr ac yn y man. Ond mewn dinas lle mae trafnidiaeth yn hunllef roedd ganddi fantais glir ar foduron gan ei bod hi'n medru teithio i lawr strydoedd un-ffordd. Ar ddiwrnod da fe allai gludo i fyny at ddeugain o negeseuon ac roedd y tâl am hynny yn help mawr tuag at grant coleg.

Roedd Tegwen yn barod i gydnabod fod Glasgow yn medru bod yn ddinas beryglus. A mwya i gyd o amser oedd hi'n dreulio yno, mwya i gyd roedd hi'n ymddangos felly. Roedd yna rai mannau lle na fyddai hi'n fodlon mentro ar ei beic.

Tegwen Norbam a'r awdur, Glasgow.

'Unwaith fe wnaeth rhywun gicio ffwtbol i 'ngwyneb i. Roedd o'n ceisio 'nghael i bant o'r beic er mwyn ei ddwyn o. Mae 'na lefydd garw. Ond dwi'n hoffi'r ddinas yn fawr. Mae hi fel bod ar wyliau yma yr holl adeg. Hyd yn oed pan fydda i'n gweithio, mae hi fel un gwyliau hir.'

Un fantais, medd Tegwen, oedd fod pobol yn tueddu i aros yno. Doedd Glasgow ddim yn lle i ymwelwyr. Felly, o gyfarfod â rhywun, fe fyddai bron yn sicr y byddai'r person hwnnw neu honno yn dal yno ymhen blwyddyn neu hyd yn oed ymhen pum mlynedd. Ac yn fwy na dim, teimlai fod pobol Glasgow yn bobol glên.

Ddiwedd yr '80au, Glasgow oedd cartre'r Ŵyl Flodau. Yn Govan oedd safle'r ŵyl ac fe ddaeth â gobaith newydd i'r hen ardal ddiwydiannol ar lan afon Clyde. Fe lwyddodd i ddenu miloedd, os nad miliynau, i un o ardaloedd tlotaf Glasgow gan addo benthithion parhaol wedi i firi'r ŵyl dawelu.

Ond saith mlynedd wedi'r jamborî roedd Govan yn anialdir agr, y dociau'n byllau segur a'r adeiladau'n furddunod hyll. Tra bod dociau dinasoedd fel Caerdydd, Lerpwl, Llundain a Belfast wedi cael delwedd newydd, trendi, doedd dim byd wedi digwydd yn Govan.

Govan yw cartre Rab C. Nesbitt, y gwrth-arwr o'r gyfres deledu o'r un enw, ac yn ôl un o blith cannoedd o ddatganiadau graffiti yn yr ardal, Rab oedd yn rheoli. Anodd oedd credu fod unrhyw un yn rheoli yn Govan.

Prif Swyddog Cynllunio Glasgow ar y pryd oedd Meic Evans o Gefneithin. 'Mae'n rhaid fod hyd at hanner dwsin o gynlluniau wedi'u cynnig ar gyfer adeiladu tai, busnesau, ac amgueddfeydd yma. Rwy wedi gweld popeth. Ond does dim byd wedi digwydd. Yn y pen draw, diffyg arian yw'r rheswm pennaf,' meddai.

Beth am y ddelwedd o Glasgow fel lle garw?

'Erbyn heddiw, mae'n siŵr fod Glasgow gystal ag unrhyw ddinas arall ym Mhrydain. Cofiwch, efallai mai'r dinasoedd eraill sydd wedi gwaethygu.'

Ond mewn un maes mae Glasgow yn rhagori, yn unol â'r slogan swyddogol fod y ddinas filltiroedd ar y blaen. Fe brofodd hynny drwy gael ei dewis yn Ddinas Bensaernïaeth a Chynllunio Ewrop ar gyfer 1999. Mae llawer o'r clod am ddod â'r anrhydedd i Glasgow yn ddyledus i un o sefydliadau'r ddinas, y blociau tenement, a chynllun gwella cartrefi fyddai'n esiampl i unrhyw ddinas.

'Rhwng y '50au a chanol y '60au fe gafodd miloedd o'r tenements eu chwalu,' medd Meic. 'Ond o ganol y '60au ymlaen fe newidiwyd y polisi ac mae mwy a mwy o denements wedi'u hadnewyddu oddi ar hynny.'

Dim mwy o flociau concrid, felly, ond cydweithrediad rhwng y Cyngor a hanner cant o gymdeithasau tai i adnewyddu'r fflatiau tenement. Y fantais fwyaf yw fod y gymuned a dyfodd ynddynt dros gyfnod o gan mlynedd yn cael eu cadw.

'Peth arall pwysig yw fod y Cyngor a'r cymdeithasau tai wedi bod yn gweithio gyda'r cymunedau. Ac mae'r cydweithio hynny wedi bod yn llwyddiannus iawn dros y cyfnod.'

Maen nhw'n dweud fod y tenement yn perthyn yn nes i gyfandir Ewrop nag i Brydain. Ac mae hynny'n wir am rai agweddau eraill o fywyd y ddinas hefyd. Mae Princess Square yn un o ardaloedd mwyaf lliwgar Glasgow, ardal sy'n denu byscyrs o bob math. Ond annisgwyl iawn ynghanol seiniau gitârs a phibau oedd clywed seiniau'r delyn. Yno, ymhlith y byscyrs yn chwarae ei delyn Geltaidd, roedd Carwyn Fowler o'r Borth, Ceredigion.

Astudio gwleidyddiaeth ym Mhrifysgol Strathclyde roedd Carwyn, ac fel Tegwen Northam, roedd wedi taro ar ffordd arallgyfeiriol i ychwanegu at ei grant coleg.

'Ar ddiwrnod braf, pan nad oes yna waith coleg i'w wneud, fe fydda i'n dod yma i chwarae,' meddai.

Syndod i mi oedd gweld yr heddlu yn mynd o'r tu arall heibio gan anwybyddu'r byscyr yn llwyr. Yn ôl Carwyn, doedden nhw ond yn ymarfer tipyn o synnwyr cyffredin. Ac ar ben hynny teimlai fod yr heddlu, hwyrach, yn dangos mwy o barch tuag at y delyn nag at ambell offeryn arall.

'Un o fanteision byscio yw fod pobol yn eich gweld chi ac yn eich gwahodd i ambell ddigwyddiad. Fe ges i wahoddiad i chwarae yng Nghastell Caeredin y llynedd.'

Roedd Carwyn yn gyfarwydd â Glasgow cyn mynd yno i'r coleg gan ei fod yn gefnogwr brwd i dîm pêl-droed Celtic ac yn mynd i fyny i weld ambell gêm. Ar ôl mynd i'r coleg fe ddechreuodd fynd i gêmau'n rheolaidd, ond oherwydd yr elyniaeth sectaraidd fileinig rhwng Celtic a Rangers fe benderfynodd droi at gefnogi Partick Thistle. Penderfyniad diplomataidd iawn.

Dim ond am dridiau y bûm i yn Glasgow ond fe hoffais y ddinas yn fawr. Mae ynddi lawer mwy o gymeriad – a chymeriadau – na Chaeredin. Do, fe welais aml i Rab C. Nesbitt yn yfed allan o botel Buckfast ac yn bloeddio cyfarchion annealladwy. Ac fe hoffwn fynd yn ôl yno.

Fe geisiodd un o'r trigolion esbonio i mi'r gwahaniaeth rhwng Glasgow a Chaeredin. 'Yng Nghaeredin maen nhw'n gofyn i chi, "Ydych chi am baned o de?" Ond yn Glasgow fyddan nhw ddim yn gofyn, dim ond dweud, "Fe gymerwch chi baned o de, wrth gwrs".'

O Gaeredin i Dundee

Fel arfer fe fyddai rhywun yn cychwyn ei daith yng Nghaeredin ar y Royal Mile neu yn Princess Street. Ond fe gychwynnodd fy ymweliad i y tu allan i dŷ o'r enw Tŷ'n Twll.

Yno yn South Queensferry roedd cartref alltud o Gaernarfon, y Sarjant Trefor Jones. Ond pam bedyddio'r tŷ yn Tŷ'n Twll?

'Mae'r enw ar lechan o ogledd Cymru, ac mewn tŷ o'r enw Tŷ'n Twll roedd fy hen-hen-daid a nain i'n byw yn Nant Peris. Roedd y tŷ mewn rhyw chwaral bach, a dyna sut gafodd o'r enw. Ac rwy'n cofio Nain yn deud hanas y tŷ a finna'n hoffi'r enw. A phan welson ni'r tŷ yma fe wnaethon ni benderfynu ei alw fo'n Tŷ'n Twll hefyd.'

Mae'r tŷ yn sefyll yng nghysgod dwy bont enwog y Firth of Forth ar gyrion Caeredin, un o brifddinasoedd hyfrytaf Ewrop. Ond mae'r Sarjant Trefor Jones yn gweithio mewn rhan wahanol iawn o'r ddinas.

Ar stad Craig Miller mae e'n gwasanaethu. A phan ymwelodd plismyn o Efrog Newydd â swyddfa'r heddlu ar y stad dro'n ôl fe gawson nhw gryn sioc. Roedd pethe'n waeth na dim byd a welson nhw yn y Bronx, medden nhw. A go brin fod tad Trefor Jones wedi gweld unrhyw beth tebyg yng Nghaernarfon, lle'r oedd ef yn blismon.

Fe ges i gyfle i deithio yng nghwmni'r Sarjant drwy'r stad, sy'n cael ei hystyried fel y stad fwyaf garw yn yr Alban benbaladr.

'Mae 'na broblemau yma, lot fawr o dlodi, lot fawr o gyffuriau a does 'na ddim llawar o waith. A chan nad oes ganddyn nhw faw ddim i'w wneud mae pobl ifainc yn achosi trwbwl. Mae dwyn cei yn broblem fawr yma, rhwng dwsin ac ugain yn cael eu dwyn yma bob dydd.'

Ond ar ôl bod yn yr Alban ers ugain mlynedd, teimlai fod y sefyllfa wedi gwella rywfaint.

'Pan ddes i yma gyntaf roedd yna broblem *heroin* ddrwg iawn yng Nghaeredin a phob math o drwbwl yn dod yn ei sgil. Roedd petha'n wael ofnadwy. Does dim cymaint o *heroin* bellach achos mae AIDS wedi codi braw ar y rhan fwyaf ohonyn nhw.'

Un broblem sydd heb wella o gwbwl, meddai, yw trais yn y cartre.

'Bob nos mae 'na dri neu bedwar achos. Ond amball noson mae 'na alw arnom drwy'r nos i fynd o un tŷ i'r llall. A dydi'r heddlu ddim yn cael eu derbyn fel ffrindia i'r naill bartner na'r llall. Rydyn ni'n ceisio helpu gymaint fedrwn ni, ond mae hi'n anodd.'

Er gwaetha'r enw drwg sydd i stad Craig Miller, ni theimlai Trefor ei bod hi'n waeth nag unrhyw stad debyg yn Llundain neu Fanceinion. Ond yn sicr hwn oedd y lle gwaethaf yng Nghaeredin.

Roedd gyrru o gwmpas y stad yng nghar Trefor yn brofiad diflas wrth weld y tai llwyd a'r olygfa undonog, llawer o'r ffenestri wedi'u cau i mewn, pobol ifainc a chŵn yn crwydro'n ddigyfeiriaid a meddwon yn bloeddio rhegfeydd. Y teimlad a gâi rhywun oedd fod swyddogion fel Trefor yn ceisio helpu o ddifri, ond roedd y frwydr yn ymddangos yn un unochrog iawn.

Un peth oedd gan Craig Miller a Chaernarfon yn gyffredin oedd castell. Ac fe ges i gyfle i fynd i weld yr adfeilion yng nghwmni Trefor. Mae'n dyddio o'r 14eg ganrif ac yn dal mewn cyflwr da ar y cyfan, gyda rhannau helaeth o'r tyrau yn dal i sefyll.

'Fel bron bob castell arall yn yr Alban, mae Mary Queen of Scots wedi bod yma hefyd,' medd Trefor. 'Fe ddihangodd o Gastell Caeredin yn 1560 a dod yma. Ac roedd hi mor bell i ffwrdd o Gaeredin fel nad oedd neb yn gwybod ble'r oedd hi.'

Oedd, roedd hi wedi mynd gryn bellter yn ôl safonau teithio'r cyfnod. Ond dydi Castell Caeredin ond taith ddeng munud mewn car o Gastell Craig Miller ac roedd hwnnw i'w weld yn glir o ben un o'r tyrau.

Wrth sefyll yng nghanol dinas Caeredin mae hi'n anodd dychmygu fod y fath le â Craig Miller yn bod. Dyma'r ddinas fwyaf gwaraidd ym Mhrydain, yn ôl y Tywysog Charles, y tafarnau gorau yn yr Alban, yn ôl y *Good Pub Guide*. '*My own romantic town,*' meddai Syr Walter Scott. Ac yn wahanol i Glasgow, doedd delwedd ddim i'w gweld yn broblem yng Nghaeredin.

Ac mae hi'n ddinas ddelfrydol i'r rheiny sy'n hoffi'r celfyddydau. Does ond angen sôn am yr ŵyl flynyddol i brofi hynny. Mae'r Queen's Hall, fel arfer, yn ganolfan bwysig i gerddoriaeth, ond pan wnes i alw yno roedd dwy gelfyddyd wedi'u cyfuno, diolch i arlunwraig o Gymru.

Yn y neuadd roedd arddangosfa o beintiadau artist ifanc o Bwllheli, Lyn Roberts, sy'n prysur wneud enw iddi ei hun. Ac roedd pob llun yn yr arddangosfa ar thema cerddoriaeth, jazz yn bennaf.

'Pan fydda i'n peintio rwy'n gweld y miwsig yn llygad fy meddwl,' medd Lyn. 'Yr hyn dwi'n ei wneud yw gosod miwsig ar gynfas.'

Ac mae cynfasau Lyn yn rhai mawr, llawer mwy na'r cyffredin. Mae hynny'n rhan o'i harddull. Roedd hi'n peintio'r cynfasau hynny mewn stiwdio roedd hi'n ei rhentu yng Nghaeredin, ond roedd angen tipyn o ymroddiad. Gweithiai mewn siop am ddwyawr bob dydd er mwyn gallu fforddio prynu brwshys a phaent. Ac roedd ganddi hen ddull traddodiadol o dalu am y stiwdio pan fyddai arian yn brin – rhoi rhai o'i chynfasau gorffenedig yn lle rhent i'r landlord, rhywbeth roedd Picasso, yn ei ddyddiau cynnar, yn gyfarwydd iawn â'i wneud.

Doedd dim modd gadael Caeredin heb ddychwelyd i South Queensferry i gael golwg fanylach ar bontydd y Forth, a'r hen bont yn arbennig. Y ffordd orau i wneud hynny oedd mynd ar fordaith oddi tani yng nghwmni Cymro oedd yn fwy cyfarwydd na neb â'r gornel hon o'r Alban.

Ar fwrdd y llong bleser *The Maid of Forth* fe ges i gwmni y Capten Love T. Roberts, yn wreiddiol o Ben Llŷn. Ar ôl blino ar grwydro'r byd ar y llongau mawr penderfynodd ymsefydlu yn yr Alban a chael gwaith fel peilot llongau ar y Firth of Forth. Roeddwn

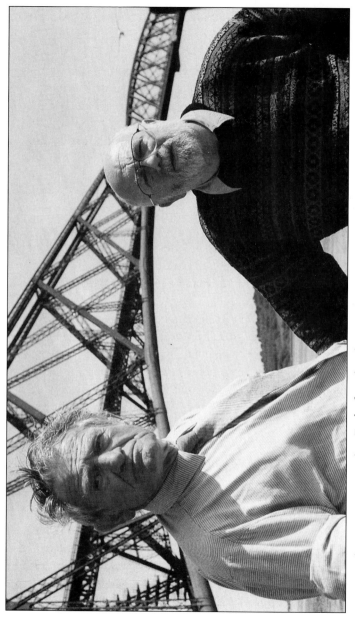

Ar y Firth of Forth gyda Capten Love T. Roberts o Aberdaron.

wedi hen benderfynu beth i'w ofyn iddo fel cwestiwn agoriadol: ai gwir ai gau y stori honno am beintio Pont y Forth, sef ei fod e'n waith nad yw byth yn darfod?

'Mae'n hollol wir. Unwaith maen nhw'n gorffen peintio un pen mae'n bryd cychwyn peintio o'r pen arall. Ond y dyddiau hyn, yn anffodus, dydyn nhw ddim yn gwneud digon o beintio. Mae pobol yn cwyno, braidd, nad ydi hi'n cael ei chadw fel y dylai hi.'

Roedd y Capten yn amcangyfrif iddo hwylio o dan y bont o leiaf fil o weithiau. Ac ar ambell long rhaid fyddai gostwng y mast er mwyn iddi fedru pasio o dan y bont.

Taith fer fyddai hon i ni, ddim pellach nag ynys Inchcombe, un o nifer o ynysoedd bychain sydd yng ngheg yr afon. Mae hi'n enwog am ei hen abaty, a godwyd yn y 13eg ganrif. Yn yr hen ddyddiau, fel yn hanes Enlli, roedd y traddodiad crefyddol yn denu pobol yn ôl yno i gael eu claddu. Ond bellach roedd gan y gŵr o Aberdaron fwy o gysylltiad ag Inchcombe a'r Firth of Forth nag ag Enlli a'i swnt.

Ac mae 'na dipyn mwy o brysurdeb ar y Firth nag sydd 'na ar swnt Enlli, prysurdeb sydd lawn mor amlwg heddiw ag yr oedd pan aeth y Capten Love yno gyntaf.

'Olew sy'n gyfrifol am y prysurdeb, wrth gwrs, gan ddod o Fôr y Gogledd i'r lan ger Aberdeen ac wedyn cael ei beipio i lawr i Grangemouth, yna i'r ardal hon. Wedyn, wrth gwrs, fe gaiff ei gludo ar draws y byd.'

Er yn alltud mae'r Capten yn dal i ddychwelyd i fro ei febyd bedair neu bum gwaith y flwyddyn. Ond sut roedd e wedi llwyddo i gadw'i iaith mor loyw?

'Fe fysa rhywbath o'i le taswn i'n methu, basa? Os oes 'na rai sy'n colli'r iaith, mae hi'n gywilydd mawr arnyn nhw.'

Ar draws y Forth of Firth mae'r rhan o'r Alban a adwaenir fel *The Kingdom of Fife*, lle mae'r bobol yn dal i deimlo rhyw fath o annibyniaeth. Ardal yw hi o diroedd breision, rhai o gyrsiau golff enwoca'r byd a phentrefi bach pysgota gyda'r prydferthaf yn yr Alban.

Ond draw yn ardal Kirkaldy roedd yna olygfeydd a allai wneud i Gymro deimlo ei fod e adre – pyllau glo wedi cau. Anodd oedd derbyn y ffaith mai dim ond un pwll oedd yn dal i weithio bellach mewn bro a arferai fod yn enwog am ei brwydrau diwydiannol.

Un o'r pyllau oedd wedi hen gau oedd Pwll y Michael. Ac i'r ardal honno y symudodd George Davies ar ôl cychwyn ei yrfa yng Nglofa'r Hafod yn Rhosllanerchrugog.

'Welwn i ddim bod gobaith cael tŷ yn ardal y Rhos ac fe glywais i fod glowyr o Swydd Lanark yn mynd i fyny i Fife i fyw yno a chael tai a gwaith. A dyna wnes i gan ddod fyny yma i fyw a chael tŷ yn Kirkaldy a gwaith yn y Michael.'

Ond fe ddaeth gwaith y Michael, pwll mwya'r Alban, i ben yn gynt na'r disgwyl ym 1967 o ganlyniad i dân dychrynllyd a laddodd naw glöwr. Ac roedd George yn gweithio yno'r noson honno.

'Fe fedra i gofio'r mwg a'r llwch yn dew yn y ffos a doedd neb yn gwybod be i'w wneud. Yn ffodus iawn roedd y locomotif yn mynd heibio gyda dramiau gweigion. A be wnaethon ni oedd neidio i'r dramiau a chael ein llusgo allan am ryw gant a hanner o lathenni a threio mynd ar y ffôn i weld pa ffordd fyddai'r orau. Ond roedd y ffôns i gyd wedi torri. A be wnaethon ni oedd cerdded i fyny. Ac roedd 'na hen ddynion yn ein plith ni ac oherwydd hynny roedden ni'n gorfod mynd yn ara deg.

'Fe gymerodd awr a hanner i ni ddringo 1,500 o lathenni, a phan ddaethon ni i dop yr inclein roedd y dynion achub bywydau yno. Y tu ôl i ni roedden ni'n medru gweld y tân yn llosgi, a phetai'r tân wedi dŵad unrhyw ffordd arall fysen ni byth wedi gallu dod allan. Roedd un ar ddeg ar goll, ond fe ffeindiodd rhai eu ffordd allan. Lladdwyd naw o ddynion. Fe gafwyd hyd i gyrff chwech ohonyn nhw, ond mae tri yn dal i lawr yna.'

Ac i George roedd hanes wedi'i ailadrodd ei hun, gan i'w dad gael dihangfa debyg ym mhwll Gresford adeg y trychineb yno yn y '30au. Doedd fawr o ryfedd, felly, iddo weld tebygrwydd mawr rhwng y ddwy ardal.

'Fe deimlais i erioed fod y ddwy ardal yn reit debyg. Yr unig

George Davies, Rhos, Glofa'r Michael, Fife.

wahaniaeth oedd yr iaith. Roedden nhw'n arfer dweud, *"You're one of us, but you're not us"*. Maen nhw'n dal i ddweud hynny rŵan ar ôl deugain mlynedd!'

Braint oedd cael cyfarfod â George Davies, gŵr annwyl a hynaws, gŵr a oedd nid yn unig wedi cadw'i iaith ar ôl bod yn alltud am ddeugain mlynedd, ond gŵr a oedd hefyd wedi cadw tafodiaith hyfryd y Rhos ar ei wefusau.

Gadael Kirkaldy a throi am y gogledd a thros bont y Tay, sy'n filltir a hanner o hyd, nes cyrraedd Dundee. Dydi Dundee ddim yn cael rhyw amlygrwydd mawr yn y llyfrau twristaidd, ond mae iddi hithau ei chymeriad, a'i chymeriadau.

Fe fu Dundee yn enwog am ei thair 'j' – jam, jiwt a *journalism*. Mae'r jam a'r jiwt bron wedi diflannu, ond mae'r newyddiaduraeth yn parhau. Rhoddodd hynny gyfle da i mi ddod wyneb yn wyneb unwaith eto â rhai o arwyr fy mhlentyndod.

Mae cwmni D. C. Thomson yn un o sefydliadau mawr yr Alban, cwmni teuluol, ceidwadol, llwyddiannus sy'n cyhoeddi'r *Sunday Post*, llu o gylchgronau ac, yn bwysicach o lawer, y *Beano* a'r *Dandy* ers y '30au.

Yn y swyddfa henffasiwn a oedd yn ymddangos fel petai'n dal yn y '30au, roedd tîm golygyddol o bump yn penderfynu pa gampau a ddeuai i ran Dennis the Menace a Minnie the Minx a'u ffrindiau. Mae 'na sôn mai presenoldeb yr ysgol ar draws y ffordd wnaeth ysbrydoli'r sgriptwyr a'r cartwnwyr i greu'r anfarwol Bash Street Kids.

Yno ymhlith y dylunwyr roedd Jim Petrie, a oedd wedi llunio 1,700 o benodau Minnie the Minx yn ddi-fwlch. Dyna i chi beth yw ymroddiad.

Boddhad llwyr oedd cael byseddu drwy gyfrolau llychlyd dyddiau fy mhlentyndod ac ailddarganfod Pansy Potter a Lord Snooty. A meddyliwch, mae i glwb cefnogwyr Dennis the Menace dros filiwn a hanner o aelodau. Ac ef, ynghyd â Minnie the Minx a'r Bash Street Kids, yw ffefrynnau'r prynwyr, hen ac ifanc.

Ar fore dydd Sul dyma droi i mewn i wasanaeth yng Nghapel

Coffa Gillfillan a chlywed geiriau'r Apostol Paul yn cael eu darllen yn Gymraeg. Eithriad, mae'n wir, oedd hyn am i mi godi'n ddigon bore i fod yn bresennol. Ond fe gafodd iaith y nefoedd ei chlywed yno'n achlysurol yn y gorffennol wrth i gymdeithasau Cymraeg yr Alban ddod at ei gilydd i gynnal cymanfaoedd canu. Ceris Parry o Gonwy, a oedd wedi byw yn Dundee ers deugain mlynedd, fyddai'r arweinydd.

'Mae 'na gymdeithasau Cymraeg ymhob un o brif ddinasoedd yr Alban – Caeredin, Glasgow, Aberdeen, Lanark, Dundee – ac maen nhw'n hel at ei gilydd bob yn ail flwyddyn. A fi fyddai'n arwain tan y llynedd pan roddais i'r gorau iddi ar ôl chwartar canrif.'

Nid Ceris oedd y cyntaf o'r teulu i fynd i Dundee. Roedd ei daid wedi bod yno o'i flaen. Roedd ganddo yn ei feddiant lythyr roedd ei daid wedi ei ysgrifennu at ei rieni yn sôn amdano'i hun yn mynd o Galcutta i Dundee ar long hwyliau yn cario jiwt.

Roedd Ceris wedi chwarae'r organ ymhell cyn iddo symud i'r Alban. Fe wnâi hynny'n fachgen dengmlwydd oed yng Nghonwy, ac fe fu'n organydd yng Nghapel Coffa Gillfillan ers 1971. Ar hyd y blynyddoedd sicrhaodd y byddai tonau Cymreig ymhlith yr emynau.

Yn y capel, trwy gamddealltwriaeth ar ran un o'r blaenoriaid, fe gafodd un aelod o'r criw ffilmio ei gamgymryd am 'wino'. Ac un oedd yn casáu alcohol a phopeth oedd yn gysylltiedig â'r ddiod feddwol oedd un o'r cymeriadau rhyfeddaf i fyw yn Dundee erioed. Ac os mai Burns oedd bardd enwoca'r Alban, bardd mwya'r Alban oedd Syr William Topaz McGonagall. Hynny yw, yn ôl ei feddwl ei hun. Fe'i hunan, gyda llaw, wnaeth ychwanegu'r 'Syr' a'r 'Topaz' at ei enw.

Meddyliwch am fawredd dyn oedd yn medru cyhoeddi hyn: '*The most startling incident in my life was the time I discovered myself to be a poet, which was in the year 1877.*' Dyna i chi wyleidd-dra!

Roedd McGonagall yn gwneud i'n Bardd Cocos ni swnio fel

Shakespeare. Ond roedd llawer yn gyffredin rhwng yr Albanwr a'r Cymro gan fod McGonagall a'r Cocos fel petaent yn chwilio am drychinebau fel testunau i'w cerddi.

Un oedd wedi ffoli ar waith McGonagall, ac a oedd wedi mynd ati i ddiddanu pobol trwy bortreadu'r bardd ar hyd strydoedd Dundee, oedd Jock Ferguson, actor a chymeriad-a-hanner. Dyma ofyn iddo pam fod cerddi mor wael yn dal i gael eu cofio.

'Am eu bod nhw'n wael tu hwnt i bob dirnadaeth. Maen nhw'n waeth hyd yn oed na chanu talcen slip. Maen nhw mor wael fel bod pobol yn ffoli arnyn nhw.'

A dyma i chi enghraifft o'i ddawn fel bardd, rhan o un o'i gerddi mwyaf am Drychineb Pont y Tay yn 1879.

'So the train mov'd slowly along the Bridge of Tay,
Until it was about midway,
Then the central girders with a crash gave way,
And down went the train and passengers into the Tay!
The storm Fiend did loudly bray,
Because ninety lives had been taken away,
On the Sabbath day of 1879,
Which will be remembered for a very long time.'

Fe gerddodd McGonagall ddeugain milltir unwaith i drafod ei gerddi gyda'r Frenhines Victoria yng Nghaeredin, a cherdded adre drwy'r glaw wedi i'r staff fygwth ei arestio. Ond nid bardd yn unig oedd The Great McGonagall. Ie, ef wnaeth gyflwyno'r 'Great' hefyd o flaen ei enw. Roedd e'n actor yn ogystal. Ac yn actor mawr, yn naturiol.

'Actor mawr yn wir, un a fedrai lenwi theatrau,' medd Jock.

'Ond doedd ganddo ddim diddordeb mewn rhannau pitw. Rhaid oedd iddo neidio i'r dwfn bob tro. Fe lwyfannodd *The Scottish Play* – mae Albanwyr yn rhy ofergoelus i ddweud **Macbeth** – ac fe gyfrannodd ei ffrindiau yn y felin jiwt lle gweithiai bunt yr un i dalu am y theatr er mwyn cael eu diddanu. Ac fe gawsant eu diddanu'n fawr.

'Ef, wrth gwrs, oedd Macbeth. Ond ar y diwedd fe wnaeth McGonagall, ar ôl cael ei ysbrydoli gan y gynulleidfa, wrthod marw. Fe gyflwynodd dri pherfformiad ac fe wrthododd farw yn yr un ohonyn nhw. "Fi bia'r sioe, rwy wedi talu am y theatr, felly dwi ddim yn mynd i farw," medde McGonagall.'

Mae yna berygl difrifol mai gwrthod marw wnaiff ei gerddi hefyd. Hynny yw, os caiff Jock ei ffordd.

Gyda llaw, fe dyfodd gelyniaeth McGonagall at y ddiod feddwol wedi i dafarnwr, wrth i McGonagall berfformio yn ei dafarn, daflu pys ato.

Allan yn y wlad o gwmpas Dundee mae 'na draddodiad cerddorol hynod iawn – a hen hefyd – sy'n dal mewn bri. Na, nid chwythu'r bagbib, ac yn sicr nid cerdd dant, ond yn hytrach 'didlo'. Mae didlo yn ddull unigryw o ganu, sef cyflwyno cân heb iddi eiriau. Hynny yw, canu cân ddigyfeiliant heb ddefnyddio mwy na rhyw 'didl-di' a 'dai-di-da' a 'didl-ai-dym'. Mae hi'n grefft sy'n gofyn am gryn ddyfeisgarwch ac, yn arbennig, amseriad perffaith. Ac mae sobrwydd yn help hefyd!

Yn o brif ddidlwyr yr ardal oedd Annie Bell ac fe ges i wahoddiad i gyfarfod â hi mewn *ceilidh* ym mhentre Letham. Fe fu Annie Bell yn didlo er pan oedd hi'n ferch fach ac fe enillodd brif gwpan didlo'r Alban droeon.

'Rhyw fath o gyfeilio heb offeryn yw didlo,' meddai Annie, sydd bellach yn ei hwythdegau. 'Mae e'n draddodiad yn yr Alban, ac yng nghefn gwlad yn arbennig. Roedd e'n boblogaidd iawn ar y ffermydd lle'r oedd y bobol yn cynnal eu hadloniant eu hunain. Falle y byddai merch ifanc yn cael ei hannog i ddawnsio ac os na fyddai yno fiwsig fe fyddai rhywun yn dweud, "O, fe wna i ddidlo cân i ti".'

Er bod gan Annie brofiad oes o ddysgu pobol eraill i ddidlo, go brin iddi gael disgybl mor anodd â mi. Eto i gyd, ar ôl rhyw hanner awr fe ystwythodd fy 'Adam's afal', chwedl Ifas y Tryc, ac fe wnes well job ohoni na'r disgwyl.

Un gair o rybudd: peidiwch byth â cheisio didlo ar ôl mwy na dau beint o gwrw. Ond mae i'r gamp un agwedd bositif iawn. Wrth ddidlo, wnewch chi byth anghofio'r geiriau!

A dyna chi wedi dysgu rhywbeth am jiwt ac am *journalism*. Ond beth am y drydedd 'j', y jam? Wel, Dundee roddodd farmalêd i'r byd. Ond fe newidiodd pethe. Fe fethes i'n lân â chanfod hyd yn oed un pot o farmalêd Dundee yn siopau'r ddinas. Ar bob pot roedd y geiriau, *Dundee Marmalade – made in Manchester*. Pach!

O Fort William i Inverness

Mae 'na fwy nag un ffordd i fynd i fyny Ben Nevis. Os ydych chi'n ddigon mentrus, fe allwch ddringo. Os nad y'ch chi, fe allwch gerdded. Ond os y'ch chi, fel fi, yn dueddol o ddiodde o'r gowt, wel car cêbl amdani.

Yn anffodus dydi'r car cêbl ddim yn mynd â chi i gopa Ben Nevis, ond yn hytrach i gopa'i frawd bach, Aonach Mhor.

Fe fydda i'n diolch yn aml am nad ydw i'n ddyn tal. Rwy'n casáu edrych i lawr o uchder, felly mae bod yn bump-a-phump dipyn yn well na bod yn chwech-a-phump. Ac roeddwn i'n disgwyl tipyn o benysgafnder wrth deithio ar y car cêbl. Ond am ryw reswm rhyfedd, nid felly y bu hi ac fe wnes i'r gorau o'r golygfeydd hyfryd o'r wlad o gwmpas.

Roedd hi'n syndod deall, o ystyried fod yr Alban mor fynyddig, mai'r rhain oedd yr unig geir cêbl yn y wlad. Ond maen nhw'n cario can mil o sgïwyr bob gaeaf a mwy na hynny o bobol ddiog fel fi bob haf. O Aonach Mhor, sy'n golygu'r Grib Fawr, fe allwch edmygu rhai o fynyddoedd ucha'r Alban, a gwneud hynny heb golli'ch gwynt.

Fe esboniodd un o swyddogion Canolfan Ben Nevis, Alison Hood, fod Aonach Mhor yn 4,006 troedfedd o uchder, 400 troedfedd yn is na Ben Nevis. Ond er mai'r wythfed yw o ran uchder yn yr Alban, mae Aonach Mhor yn uwch na'n Wyddfa ni.

A dyma i chi wybodaeth arall o bwys. Wyddoch chi fod gan yr Alban 279 o fynyddoedd sy'n uwch na 3,000 o droedfeddi, o'i gymharu â'n 14 ni? Yn ôl Alison fe gymerai dair i bedair awr i rywun cyffredin gerdded o Glen Nevis i gopa Ben Nevis, gwybodaeth a barodd i mi roi'r gorau i'r syniad. Ond fe fedra i ddweud imi ei weld, neu weld o leiaf ran ohono, wrth iddo guddio'i ben yn y niwl uwchben Fort William.

Cafodd Fort William ei enwi ar ôl hen gaer a ailgodwyd yn nyddiau William of Orange. Fe dyfodd yn ganolfan bwysig yn ystod Oes Fictoria, ond yn ddiweddar fe aeth y rhan fwyaf o'r diwydiannau â'u pen iddynt.

Yr eithriad yw ffermio pysgod. Mae cwmni Marine Harvest yn cyflogi 750 o weithwyr yng ngorllewin yr Alban. Dyma'r cwmni ffermio eog mwyaf yn y byd.

Fe wnes i ymweld ag un o 44 o ffermydd y cwmni, yn Kingairloch. Roedd 400,000 o eogiaid yn cael eu magu yno ar y tro, a Chymro, Rhys Gwilym o Landegfan, Ynys Môn, oedd y swyddog marchnata. Symudodd i'r Alban ar ôl graddio mewn bywydeg môr ym Mangor. Ef oedd yn penderfynu pryd y dylai pa bysgod gael eu lladd, a pha gwsmer oedd i dderbyn pysgod o ba fferm.

Pan oeddwn i yno roedd y pysgod yn cael eu tynnu allan o'r caets lle'r oedden nhw wedi'u corlannu a'u dethol. Rhys oedd yn gyfrifol am ba bysgod gâi fynd 'nôl i'r llyn a pha rai gâi eu cadw a'u lladd ar gyfer y farchnad. Roedd rhif arbennig ar bob pysgodyn, rhyw fath o gofnod, ac wrth i'r eogiaid gael eu dethol fe gâi'r cofnod ei weiddi allan a'i nodi'n fanwl.

Diwydiant ifanc yw ffermio pysgod. Dim ond ychydig dros ugain mlynedd sydd yna er iddo ddod yn ddiwydiant o bwys, ac mae'r wyddoniaeth yn datblygu'n gyflym. Y gost fwyaf oedd y bwydo, tunnell a chwarter o fwyd i gynhyrchu pob tunnell o bysgod.

Rhaid oedd i bob eog fod yn bedair mlwydd oed cyn ei ladd. A phrofiad rhyfedd oedd gweld eogiaid ifainc fyddai'n rhieni i'r pysgod a gâi eu lladd yn 1999.

'Rhaid cynllunio ymhell o flaen llaw,' medd Rhys. 'Mae unrhyw newid sy'n cael ei wneud nawr yn mynd i gymryd blynyddoedd i gael effaith.'

Mae gan y cwmni bedair ffatri drin pysgod, ac fe ges i gyfle i ymweld â'r un yn Fort William. Gwerthir y cyfan, bron, o'r eogiaid yn ffres, eu hanner ym Mhrydain a'r hanner arall dramor.

A phwy hoffai fod yn eog? Heddiw'n nofio'n braf yn nŵr y loch. Ergyd ar ei ben, a fory'n un o'r danteithion mewn tŷ bwyta crand ym Mharis.

Mae modd croesi'r Alban o Fort William i Inverness heb fynd ar gyfyl unrhyw ffordd fawr. Ac fe ges i gyfle i wneud hynny mewn gwesty symudol ar hyd yr hyn a elwir The Great Glen sydd fel craith ddofn ar draws brest yr Alban o Swnt Mull yr holl ffordd i'r Moray Firth.

Cwch cargo ar gamlas yn yr Iseldiroedd oedd y Corry III yn ei ddyddiau cynnar, ond fe'i trowyd yn westy ar ddŵr i gario teithwyr mewn steil ar draws yr Alban: tridiau hamddenol drwy bedwar loch a gysylltwyd gan gamlesi Thomas Telford i ffurfio Camlas Caledonian.

Y lle mwyaf enwog ar y daith yw Loch Ness, wrth gwrs, ond mae'n debyg mai eich siomi gewch chi gan Nessie, neu gan absenoldeb Nessie, yn ôl perchennog y Corry III.

'Fe fûm i'n teithio'r Great Glen bellach ers deng mlynedd,' medd John Bernard Green. 'Ac fe fûm yn gapten ar long ddiogelwch pan adeiladwyd Pont Kessock. Ond welais i ddim byd. Mae mwy o debygolrwydd i chi weld rhywbeth od yn y Moray Firth nag yn Loch Ness.

'Ond fe gewch chi effeithiau rhyfedd fel tonnau anghyffredin yn cael eu ffurfio pan fo dwy long yn pasio'i gilydd, hyd yn oed gyda chryn bellter rhyngddyn nhw, pan fo'u holion nhw'n cyfarfod, yn arbennig felly mewn niwl. Fe gewch chi symudiadau annisgwyl yn y dŵr sy'n gwneud i chi feddwl fod rhyw greadur mawr yno.

'Petawn i'n gweld Nessie, wrth gwrs, fe fuasai 'mywyd i'n newid yn llwyr. Fuasai dim angen i fi weithio byth wedyn!'

Welais i ddim byd rhyfedd ar fy nhaith ar hyd y Great Glen, dim ond golygfeydd godidog ar y ffordd i Inverness. Ac mae gan brifddinas yr Ucheldiroedd ddyled fawr i Gamlas Caledonian. Prin fod yna le arall ym Mhrydain sy'n tynnu pobol o gylch mor eang ar gyfer ei siopau, ei ysbytai a'i theatr. Agor y gamlas a'r rheilffordd yn y ganrif ddiwethaf ddechreuodd dwf y dref.

Heddiw mae'r diddordeb yn yr iaith Aeleg ar gynnydd yno, rhywbeth oedd wrth fodd Mary Scamell, Americanes a symudodd i'r Alban o Gymru.

'Fyswn i'n dweud fod yna ryw 6,000 o bobol yma sy'n medru Gaeleg. Ond pobol sy wedi dod o lefydd eraill ydyn nhw ran fwyaf, o'r Ynysoedd yn bennaf.

'Mae 'na lawer o weithgareddau yn cael eu cynnal yma drwy'r Aeleg. Mae 'na uned Aeleg gref iawn yn yr ysgol gynradd ac yn yr ysgol uwchradd hefyd erbyn hyn.'

Yn Rogart, i'r gogledd o Inverness, fe ddaeth 'na hwb annisgwyl i'r iaith Aeleg mewn ardal lle'r oedd hi bron wedi diflannu. Fe ddaeth Alastair a Brenda Cearns i fyw yno o Ganada i dyddyn oedd yn cael ei ffermio gan hynafiaid Alastair cyn iddyn nhw fudo i'r cyfeiriad arall. Fe godon nhw ganolfan bwrpasol, An Ceathram, i ddysgu Gaeleg i oedolion, yr unig un o'i bath yn yr Alban. Roedd 'na alw mawr am le ar y cyrsiau lle'r oedd Alastair yn gwneud yr holl waith dysgu.

'Y gamp fwya yw darparu ar gyfer anghenion disgyblion gwahanol iawn i'w gilydd,' meddai Alastair. 'Mae amrywiaeth o lefelau o ddysgu gan y gwahanol bobol sy'n dod yma. Mae rhai yn dechrau o'r cychwyn cynta ac eraill sy'n eitha rhugl ond sydd eisiau mwy o eirfa, gwell cystrawen ac yn y blaen.'

Falle y byddai'r gwangalon yn gweld adfer Gaeleg yn dasg amhosib. Ond nid felly Alastair.

'Mae pethe'n anodd iawn, ond mae 'na obaith.'

Ar gyrion Inverness, ar y Black Isle, fe es i yng nghwmni Mary Scamell i weld ffynnon iacháu ryfedd iawn. Roedd y ffynnon ar ymyl y ffordd fawr ac yn hawdd iawn i'w chanfod gan fod yna filoedd o glytiau, a phob math o ddillad, yn hongian o'r coed a'r ffens wrth ei hymyl. Mor wahanol i'r mwyafrif o ffynhonnau iachusol sydd, fel arfer, mewn llecynnau tawel ymhell o fannau poblog.

Esboniodd Mary fod y ffynnon yn un hynafol iawn o'r oesoedd cyn-Gristnogol.

'Mae'r dŵr yn iachusol, ac ar ôl yfed cegaid ohono fe fydd person

Ffynnon y Clytiau gyda Mary Scamell.

claf yn tynnu dilledyn sy'n cael ei wisgo dros y man lle mae'r anhwylder a'i glymu ar frigyn neu ar y ffens. Yna, wrth i'r dilledyn bydru'n naturiol, mae'r anhwylder – yn ôl y chwedl – yn cilio.'

Gan fy mod i'n dueddol o ddioddef o'r gowt, dyma yfed dracht o'r dŵr a diosg un hosan a'i chlymu ar y goeden uwchlaw'r ffynnon. A dweud y gwir, ar ôl yr holl deithio doedd gan yr hosan fawr o waith pydru. Ond wrth ei gosod yno fe wnes i ddiolch yn dawel nad oeddwn i'n dioddef o'r peils.

Mae ganddon ni'r Cymry ein Cilmeri, ac mae gan yr Albanwyr eu Culloden. Dwy fangre, dau hanes gwahanol iawn, ond yr un tristwch. Mae'r ddwy fangre yn coffáu breuddwydion brau. Ac er mai brwydr rhwng dwy fyddin oedd y naill, a chudd-gipiad oedd y llall, mae enwau'r ddau le yn cyffroi'r emosiynau yn fwy nag unrhyw fannau eraill yn y ddwy wlad.

Mae'n amhosib sefyll ar ganol Rhos Drumrossie heb deimlo tristwch brwydr Culloden, y frwydr fawr olaf i'w hymladd ar dir Prydain. Ar y diwrnod y bûm i yno roedd y wlad o gwmpas yn diogi'n braf dan heulwen diwedd Gorffennaf. Eto, ar faes y gad, roedd niwlen denau yn glynu wrth y grug, ar y gwellt ac ar ddeiliach y llwyni gan achosi rhyndod a chryndod.

Mae i'r frwydr a ymladdwyd ar 16 Ebrill 1746 holl elfennau epig ramantus ffuglennol. Ond, yn anffodus, mae hi'n wir. Ar y naill ochr, y tywysog ifanc Bonnie Prince Charlie yn ceisio ad-ennill yr orsedd i'r Stiwartiaid. Ar yr ochr arall, Dug Cumberland, mab y brenin a dihiryn blagardus.

'Hawdd meddwl am Culloden fel brwydr rhwng yr Albanwyr a'r Saeson neu rhwng pobol yr Ucheldir a thrigolion llawr gwlad. Ond credoau crefyddol a gwleidyddol oedd yn gwahanu milwr oddi wrth filwr,' meddai Mary.

'Mae'n wir mai pobol o'r Ucheldir oedd trwch milwyr Charles. A doedd y clans i gyd ddim o'i blaid. Petaen nhw, yna fe fuasai cwrs hanes wedi ei newid.'

Cefnogwyr Charles, gan mwyaf, oedd y llwythi Catholig ac esgobol, y Jacobites. Ac roedd rhaniadau o fewn y llwythi eu hunain gyda'r Campbells, er enghraifft, yn ymladd dros ac yn erbyn y tywysog ifanc. Roedd Campbelliaid Glen Lyon yn aelodau o Frigâd Athol Charles Stuart tra oedd Campbelliaid eraill yn frwd dros Cumberland.

Brwydr mewn rhyfel cartref oedd Culloden, rhyfel a drodd frawd yn erbyn brawd, tad yn erbyn ei blant, teulu yn erbyn teulu. Ac i Charles Stuart, camgymeriad dybryd fu Culloden gyda'i 5,000 o filwyr yn wynebu 9,000 o ddynion Cumberland. Roedden nhw'n brin o arfau, yn flinedig ar ôl gorymdeithio drwy'r nos ac yn newynog, gan fod eu bwyd yn dal yn Inverness. Ac roedd tirwedd Rhos Drumrossie yn gweddu'n berffaith i filwyr ceffyl ac i fagnelau Cumberland.

Fe wnes i grwydro'r rhostir yng nghwmni Mary Scamell gan ymweld â'r ffermdy, sy'n dal yno o ddyddiau'r frwydr, lle ceisiodd 30 o filwyr Charles guddio mewn sgubor rhag y gelyn. Y bore wedi'r frwydr fe losgwyd y sgubor a'r milwyr.

Gorfodwyd y clans i gladdu eu meirwon eu hunain mewn un bedd torfol enfawr ar faes y gad. Dim ond yn ddiweddarach y cafodd gweddillion y llwythi yr hawl i ailgodi'r cyrff a'u claddu fesul clan. Gellir gweld y beddau fesul rhes gyda charreg ar bob pen. Mae bedd y Clan Mackintosh yn ymestyn dros hanner can llath.

Yn 1996 fe fu coffáu 250-mlwyddiant y frwydr. Ac fe fu un cymdeithas yn ddigon haerllug i ofyn am hawl i ail-lwyfannu'r frwydr ar union safle Culloden. Fe'u gwrthodwyd, diolch byth. Fel y dywedodd Mary, pwy oedd yn ddigon ffôl i feddwl am ail-lwyfannu'r frwydr mewn mynwent?

A mynwent yw Culloden, mynwent yn llythrennol i gannoedd o aelodau'r clans, a mynwent hefyd i obeithion y Jacobites.

I'r dwyrain o Inverness saif tref fach ddeniadol Aberlour ar lan afon Spey. Mae'r afon yn enwog am ddau beth, y wisgi gaiff ei wneud o'i dŵr a'r pysgod sy'n heigio yn ei dyfroedd. Dydw i ddim yn awdurdod ar y naill faes na'r llall. Ond fe wnes i gyfarfod â Chymro oedd yn hyddysg yn y ddau bwnc.

Roedd Geoff Harris o Gwmtwrch Uchaf yn cael ei gyflogi i

hwyluso bywyd pysgotwyr. *Gillie* oedd Geoff, swydd sy'n arbennig i'r Alban. Hen ystyr *gillie* oedd caethwas, ond er bod y *gillie* ar alwad y pysgotwr fe fyddai ei ddisgrifio fel caethwas braidd yn eithafol. Cynorthwy-ydd fyddai'r disgrifiad gorau, mae'n debyg.

Fe fu Geoff yn aelod o heddlu'r Metropolitan yn Llundain am 32 mlynedd cyn symud i gartre'i wraig yn Aberlour yn 1985. Wrth i mi ei gyfarfod am y tro cyntaf yn yr Aberlour Hotel, wedi'i wisgo mewn cot frethyn bwrpasol, clos pen-glin a chap mynd-a-dod, fe ddaeth yn amlwg o'r dechrau fod Geoff wedi'i eni i'r swydd gan ei fod yn ŵr cymdeithasol ac amyneddgar, yn llawn straeon ac yn byrlymu o hiwmor, ac olion bywyd yn yr awyr iach yn amlwg ar ei wyneb gwritgoch.

Ac mae angen amynedd a hiwmor ar bobol fel Geoff pan fo angen dysgu rhywun mor ddibrofiad â mi. Er cael fy ngeni a'm magu hanner milltir o lannau'r Teifi, wnes i erioed ddal gwialen bysgota nac erioed daflu bachyn i'r dŵr. Ac er holl hyfforddiant Geoff, methiant fu'r gwersi.

Ond roedd hi'n ddiddorol ei glywed yn dethol ac yn disgrifio'r gwahanol blu, yn eu plith y Silver Stoat's Tail, neu Gynffon y Carlwm; y Munroe Killer wedyn, pluen leol a ddefnyddir ar y Spey, ac un arall leol, y Burach.

Roedd enwau'r plu yn fater digon cymhleth, ond pan ddaeth hi'n fater o'u clymu roeddwn i'n fodiau i gyd. Ac yna'r grefft o gydio yn y wialen a thaflu'r bachyn i'r dŵr. Digon yw dweud y bydd yn rhaid i mi orfod dibynnu am byth ar eog mewn tun. Ac er ei fod e'n heresi i ddweud hynny, mae'n well gen i eog tun nag un ffres beth bynnag!

Nid pawb sydd mor anobeithiol â fi, cofiwch, pwynt yr oedd Geoff yn falch o gael ei wneud.

'Fe ddaeth 'na ffermwr yma tua mis neu ddau yn ôl, ac fel chi doedd e ddim wedi pysgota erioed yn ei fywyd. Ond fe aeth â phedwar eog oddi yma.'

Gofalu am filltir a chwarter o afon roedd Geoff ar ran y Laird, neu'r perchennog tir, a'r cyfan ar un lan o'r afon. Roedd yn adnabod pob troedfedd o'r filltir a hanner fel cefn ei law.

Pan fo pysgotwr yn cyrraedd ar fore dydd Llun ac yn bwriadu treulio wythnos yn pysgota, beth yw'r gorchwyl cyntaf?

'Cael rhyw wisgi bach. Dim ond un, cofiwch. Dyw hi ddim yn saff ar lan yr afon os yfwch chi fwy. Wedyn treulio ychydig o amser yn esbonio rheolau'r afon, neu foesau'r afon, iddyn nhw. Er enghraifft, os oes rhywun yn pysgota ar yr ochr arall i'r afon dych chi ddim i fod i fynd i mewn i'r dŵr gyferbyn ag e. Ac os oes dau yn cyrraedd glannau'r afon ar yr un pryd, un yn defnyddio pluen a'r llall yn defnyddio troellwr, yna'r pysgotwr pluen sy'n cael y fraint o gastio gyntaf. A rheol bwysig arall yw eich bod chi, ar ôl pob cast, yn gorfod cymryd cam.'

Ie, rhyw fath o *caddy* mewn golff yw'r *gillie*. Ac yn union fel mae'n rhaid, ar ddiwedd rownd o golff, cael diferyn bach yn y pedwerydd twll ar bymtheg, roedd hi'n rheidrwydd troi i mewn i gartre Geoff a'i briod hynaws i fwynhau brechdanau a lemonêd cartre a phrofi ei wahanol fathau o wisgi.

A doedd dim prinder wisgi chwaith ar ddiwedd y cymal arbennig hwn o'r daith. Yn Dingwall roedd hi'n wythnos Gŵyl Werin Draddodiadol yr Ucheldiroedd. Disgrifiad y llyfr taith o'r dref fechan i'r gogledd o Inverness oedd, 'A small provincial town … a tidy, dull place, a solid market and service town with one long main street that's moribund by dinner time.'

Nid dyna'r Dingwall brofais i. Roedd hi'n dref fyrlymus, swnllyd, groesawgar, yn llawn cantorion, offerynwyr, dawnswyr ac yfwyr. Ac mae gen i ryw syniad nad dylanwad yr ŵyl oedd yn gwbwl gyfrifol am hynny.

Fe gychwynnodd yr ŵyl yn 1981 gyda'r bwriad, yn bennaf, o hybu talentau lleol. Nid ymwelydd â'r ŵyl yn unig oedd Janine Dobson o Ddwygyfylchi ger Penmaenmawr. Roedd hi wedi symud i fyw i Dingwall gan fod ei chariad yn Albanwr a'r ddau wedi cael gwaith yn yr ardal. Ac roedd Janine wedi ei thaflu ei hun i fwrlwm bywyd cymdeithasol y dref gan ymuno â grŵp gwerin y Feisty Bosoms a oedd yn perfformio yn yr ŵyl.

Fe fu dyfodiad y *Mod*, eisteddfod genedlaethol yr Alban,

Dingwall rai blynyddoedd yn ôl yn gryn hwb i'r iaith Aeleg yn yr ardal, ac mae ei dylanwad i'w deimlo yno o hyd.

Ac ar brif stryd Dingwall y cefais i fy mhrofiad cyntaf, a'r olaf siŵr o fod, o chwarae'r bagbib. Nawr, dydi hi ddim yn wir fod pob Albanwr yn medru chwarae'r bagbib. A dydi hi ddim yn wir chwaith mai Albanwr yw pob pibydd. Ffrancwr oedd fy hyfforddwr i, Willie, ond bod blynyddoedd o fyw yn yr Alban wedi dylanwadu ar ei arferion a'i acen. Ac os oedd Ffrancwr yn medru chware'r pibau Albanaidd, pam na allai Cymro?

Fe gytunodd Willie i rannu rhai o'i gyfrinachau, sut i osod y bag o dan fy mraich, pa bibau y dylwn i eu byseddu a pha bib y dylwn ei gosod yn fy ngheg. Ac yna roedd hi'n amser i mi chwythu i'r bag, gwaith llawer mwy anodd nag mae'n swnio. Erbyn i mi lenwi'r bag, neu'r fegin, roedd fy wyneb i'n biws. A dweud y gwir, wyddwn i ddim yn iawn ai chwythu i'r bag ddylwn i neu ei ymladd.

Ac yna'r foment fawr. Symud fy mysedd ar hyd y pibau a gwasgu'r bag o dan fy nghesail. Ac allan o'r offeryn daeth nadau a sgrechiadau yn union fel sŵn cwrcath yn cael ei sbaddu.

Ac os mai methiant fu canu'r bagbib bu f'ymdrechion i ddawnsio yn fwy o drychineb fyth. Dychmygwch rywun fel fi, yn dioddef o'r gowt, yn cael fy nhynnu, fy ngwthio a'm llusgo ar hyd llawr neuadd y dre i gyfeiliant rhyw fand *ceilidh* gwallgo oedd yn chwarae tua can milltir yr awr. A doedd dim modd ffoi o'r cylch dieflig tan ddiwedd y ddawns gan fod dwylo dawnswyr eraill yn cydio'n dynn yn fy nwylo i. Ac fe wnaeth trybestod y ddawns bara am gryn chwarter awr. Fel y pysgota a chwarae'r bagbib, fe wnes i dyngu llw o 'byth eto'.

Ond fe wnes i ddysgu un peth yn Dingwall, a honno'n wers bwysig iawn. Roeddwn i'n lletya yng Ngwesty Castell Tulloch, a hwnnw'n gastell go iawn gyda'i ysbryd personol ei hunan, yn ôl yr hanes.

Un noson fe ddaeth parti priodas i mewn i'r bar, y pâr ifanc a'r gwesteion i gyd wedi'u gwisgo yn y dull traddodiadol ac yn dartan lliwgar o'u pennau i'w traed. Ar ddiwedd y noson a'r bar wedi cau fe geisiais, fel gwesteiwr swyddogol, brynu wisgi i un o'r gwesteion priodas oedd wedi bod yn cynnal sgwrs ddiddorol iawn â mi am tua hanner awr. O leia, rown i'n cymryd ei bod hi'n ddiddorol. Fedrwn i ddim deall gair. Beth bynnag, fe wrthodwyd fy nghais gan ofalwraig y bar ac fe dorrais y newyddion drwg i'm cyfaill barfog.

'*Nay bother*,' medde'r cawr gan godi i'w lawn hyd o chwe throedfedd a hanner. Yna dyma fe'n agor ei *sboran*, hynny yw, y pwrs blewog sy'n edrych fel wiwer ac sy'n hongian wrth wregys pob Albanwr gwerth ei halen. Allan o blith y blew fe dynnodd allan ddwy botel fechan o wisgi, un iddo ef ac un i mi. A'r noson honno cefais ateb i gwestiwn dyrys oedd wedi fy mhoeni dros y blynyddoedd, sef beth oedd pwrpas y *sboran*.

A dyma gofio'r stori honno am ryw hen wraig fach mewn trên yn anwesu *sboran* rhyw Albanwr oedd yn eistedd yn ei hymyl ac yn dweud, 'Ew, rwyt ti'n gi bach neis'. A'r Albanwr yn ei chywiro, 'Na, misus, nid ci ydi e ond fy *sboran*.' 'Wel, wel,' medde'r fenyw, 'a dyna, mae'n siŵr, pam wnaeth e wrthod y fisgeden wnes i ei chynnig iddo fe gynnau fach.'

O Skye i John O'Groats

Pan ffodd Charles Stuart, neu Bonnie Prince Charlie, i Skye wedi cyflafan Culloden fe fu'n rhaid iddo groesi mewn cwch. Heddiw fe fedrai wneud hynny heb unrhyw berygl o wlychu ei draed drwy groesi'r bont rhwng y Kyle of Lochalsh a Kyleakin.

Fe arweiniodd adeiladu'r bont at brotestiadau di-ri gan gadwriaethwyr a chan y cyhoedd yn gyffredinol gan y byddai'r gost o groesi'r bont, £5.50 y car, yn gwbwl annerbyniol. Ac fe arweiniodd agoriad y bont at ddiwedd traddodiad llong fferi cwmni Caledonian MacBrayne fu'n croesi rhwng y tir mawr a'r ynys bob hanner awr. Gwrthodwyd caniatâd i'r fferi gystadlu â'r bont am gwsmeriaid.

Golygodd diwedd y llong fferi ddiwedd hefyd ar gyflogaeth i lawer, yn eu plith Peter Williams o Amlwch ym Môn a oedd wedi bod yn casglu arian ar y llong ers chwe blynedd a heb fawr o obaith am waith arall.

Gan na fyddai Skye yn ynys bellach, sut oedd Peter yn teimlo?

'Chlywais i neb yn honni nad yw Môn yn ynys er bod yna ddwy bont yn ei chysylltu â'r tir mawr.'

Ateb da. Ond mae swyn yr ynys yn gorchfygu pob dadlau am fanteision neu anfanteision y bont. A'r swyn hwnnw a ddenodd Peter a'i wraig a'u merch fach i symud yno ar ôl treulio blynyddoedd yn Llundain. Ond beth am y dyfodol?

'Mae gen i ddarn bychan o dir yn mynd i lawr at y traeth a dwi wedi prynu cwch fel y medra i fynd lawr i Knoydark i gasglu gwichiaid môr. Mae 'na rai yn dod o amgylch i'w prynu nhw ar gyfer y farchnad. Fe wna i hynny a, hwyrach, rhedeg y crofft yma'n well drwy brynu mochyn ac ychydig o ddefaid.'

Oedd hi'n haws byw ar Skye nag yn Llundain o ran talu am anghenion bywyd?

'Na, rych chi'n gorfod talu mwy yma. Mae'n rhaid cludo nwyddau yma dros bellter mewn lorïau. Pan fydda i'n mynd i weld fy nhad yn Sir Fôn fe fydda i'n gweld fod petha'n llawar rhatach yno. Ond er gwaetha hynny, yma fydda i bellach, mae'n siŵr.'

Ar Skye fe wnes i glywed newyddion da a newyddion drwg i'r mudiad dirwest. Y newyddion da oedd fod gwerthiant wisgi ar i lawr oherwydd y cynnydd yn nhrethi Ewrop. Y newyddion drwg oedd fod mwy nag erioed yn yfed y wisgi brag sengl, neu'r *single malt*.

Un enghraifft o'r math hwnnw o wisgi yw'r Talisker, yr unig wisgi brag sy'n cael ei gynhyrchu ar Skye. Mae i'r Talisker flas unigryw, rhyw gyffyrddiad gwahanol sy'n arwain pobol i gredu mai dŵr y fawnog sy'n gyfrifol am hynny. Ond na, y dull o rostio'r ŷd sy'n gyfrifol am y blas gwahanol, yn ôl rheolwr y cwmni, Mike Copeland.

Esboniodd Mike mai elfen arall sy'n llunio cymeriad wisgi – ac mae gan bob wisgi ei gymeriad unigryw – yw siâp y *still*, neu'r distyllbair. Doedd *stills* Talisker ddim wedi newid ers canrif a hanner.

Fe sefydlwyd Talisker yn Carbost ar lan Loch Harport yn 1830 ac fe anfarwolwyd yr hylif euraid gan Robert Louis Stevenson yn ei gerdd **The Scotsman's Return from Abroad** gyda'r geiriau '*the King o' drinks as I conceive it*'.

Ystyrir Talisker fel un o'r chwe brag clasurol sy'n cynrychioli pob un o ardaloedd cynhyrchu wisgi'r Alban. A golygfa i lonni calon unrhyw dancwr oedd y rhesi ar resi o gasgenni derw braf a orweddai yn y stordy. Yno y byddent yn aeddfedu'n araf am ddeg i bymtheg mlynedd. A thra oedd Mike yn anfodlon sôn am bris y casgenni, roedd e'n ddigon bodlon datgelu fod un gasgen can-galwyn yn werth £7,500 mewn treth i'r Llywodraeth. Ac yn y stordy hwnnw roedd 5,500 o gasgenni tebyg!

Roedd distylldy Talisker, yr unig un sydd ar Skye bellach, wedi hen ymuno â'r ugeinfed ganrif cyn belled ag yr oedd masnachu yn y cwestiwn. Mae'r cwmni'n derbyn ymwelwyr ac yn gwerthu pob math o nwyddau sy'n gysylltiedig â'i wisgi ac fe gewch fynd ar gylchdaith i weld y broses ddistyllu o'i dechrau i'w diwedd. Ac ar ddiwedd y daith fe gewch ddram fach i godi'ch calon.

Ac fe fu'r dram o Talisker yn gymorth mawr ar gyfer cymal nesa'r daith, sef ymweliad â chanolfan Aeleg, lle bu'n rhaid i mi – er gwaetha fy mhrofiadau poenus yn Dingwall – ymuno mewn dawns werin arall.

Coleg Addysg Bellach drwy gyfrwng yr iaith Aeleg yw Sabhal Mór Ostaig ac yn y Stabal Fawr, a oedd bellach yn neuadd i'r coleg, y bu'n rhaid i mi ymarfer fy nghampau.

Roz Smith o Brifysgol Glasgow oedd fy mhartner yn y ddawns a hi hefyd fu'n esbonio pwysigrwydd y ganolfan.

'Mae pobol yn dod yma o bob rhan o Brydain ac maen nhw eisiau profiad o weithio drwy'r Aeleg ym myd busnes, darlledu, cyfrifiadura ac ati. Mae'n rhan bwysig o'r ymdrech i greu delwedd fodern i'r iaith ac annog rhagor o bobol i'w dysgu.' Esboniodd Roz mai dim ond 1.37 y cant o boblogaeth yr Alban sy'n siarad Gaeleg bellach, a thrwy ddangos ei bod hi'n iaith oedd yn berthnasol i'r oes bresennol roedd gobaith denu siaradwyr newydd.

Roeddwn i wedi cael fy rhybuddio cyn mynd i ynysoedd y gorllewin fod gwybed yn medru bod yn bla. Ac fe wnaeth Roz gadarnhau hynny. Datgelodd arf pwysig yn y frwydr yn erbyn y creaduriaid bach sy'n bygwth eich bwyta'n fyw, sef penwisg neilon werdd na fyddai allan o le yng ngorymdeithiau'r Orsedd!

I brofi pa mor fileinig mae'r gwybed, mae 'na ganolfan ar Skye sy'n arbenigo ar y diafoliaid hedegog ac sy'n paratoi eli arbennig sydd, fe honnir, yn eu cadw draw. Cynhyrchir yr eli, a elwir yn Myrica, allan o ddail myrtwydd y gors yn Advasar a'i werthu yn y ganolfan wybed sy'n rhan o Ganolfan y Clan Donald. Ond a yw'r eli'n effeithiol sy'n fater arall. Sgersli bilîf!

Ffarweliais â Skye a hwylio ar draws y Minch, sy'n medru bod yn hynod o stormus, am ynys arall. Mae Lewis a Harris yn swnio fel enw ar siop ddillad i ddynion yn Llambed neu Aberteifi. Ond enw ynys ydi e, ac un ynys yn unig – er gwaetha'r ddau enw.

Enw Lewis a Harris mewn Gaeleg yw An t-Eilean Fada, sef yr Ynys Hir. Ac mae iddyn nhw enwau Gaeleg unigol hefyd, Laodhais a Na Hearadh. Ac yn wahanol i ynysoedd cyffredin, nid môr sy'n gwahanu'r rhain ond afon fechan.

Fe wnes i lanio yn Tarbert yn ne Harris, a'r camgymeriad mawr oedd cyrraedd yno ar gyfer dydd Sul. Fe allwn i dyngu 'mod i wedi cyrraedd Amgueddfa Werin Sain Ffagan ar ddiwrnod cau. Ar y Sul fe ddaw popeth i stop ar yr ynys, popeth ar wahân i weithgaredd capel ac eglwys. Dim papur newydd, dim sigaréts, dim hufen iâ. A dim peint ar boen eich bywyd!

Y syndod mwyaf gefais i oedd gweld traethau gwynion hirion a llydan Luskentyre, y peth olaf roeddwn i'n disgwyl ei weld ar ynys mor stormus. Yno, ger Swnt Taransay, fe allwn dystio fy mod i ar un o ynysoedd y Caribî. Ond traethau gweigion oedd y rhain er ei bod hi'n ganol haf. Pam? Wel, oherwydd y gwynt didostur oedd yn torri fel rasel drwy'r heulwen.

Fe lwyddais i gael ffordd effeithiol a digon hamddenol o grwydro'r ynys, a hynny ar fws post, dull o deithio nad yw'n anghyfarwydd yng Ngheredigion. Ac fel yng nghefn gwlad yr hen sir mae'r bws post wedi llwyddo ar yr ynys hefyd i glymu cymunedau yn nes at ei gilydd. Ac fe hwyluswyd pethe i'r bws post drwy wella'r ychydig ffyrdd, diolch i arian Ewrop.

Ar un cymal o'r daith fe ges i gwmni Willie McLeod, siaradwr Gaeleg brodorol ac un oedd yn croesawu'r bws post yn fawr.

'Mae'n help mawr, yn enwedig i ardaloedd anghysbell. Dyma'r unig wasanaeth bws sydd ar gael a dim ond ar ddau ddiwrnod yr wythnos y mae'n rhedeg. Ond mae ei gael am hyd yn oed ddau ddiwrnod yn fuddiol iawn.'

Mae enw Harris yn enwog drwy'r byd, wrth gwrs, a hynny oherwydd y brethyn unigryw Harris Tweed. Dyna brif ddiwydiant yr ynys o hyd. Ond er mai Harris roddodd ei enw i'r brethyn, yn Lewis y mae'r mwyafrif o'r gwehyddion sy'n rhedeg eu busnes undyn mewn cytiau yn ymyl eu cartrefi.

Ond fe gododd argyfwng o fewn y diwydiant a'r broblem, fel

mewn cymaint o feysydd eraill, yw fod datblygiadau technegol wedi bod yn fwy o fygythiad nag o help. Un o'r gwehyddion oedd yn gofidio'n fawr oedd Angus Graham a oedd wrthi, fel ei dad a'i daid o'i flaen, yn gwehydda yn y sièd wrth dalcen y tŷ.

'Dyma'r peiriant gwehyddu sydd wedi gwneud Harris Tweed yn enwog ledled y byd,' meddai. 'Gallwch weld drosoch eich hunan pa mor effeithiol ydi e, ond fe gaiff ei daflu ar y domen sgrap.'

Dydi'r dechnoleg fodern ddim i'w gweld yn wahanol iawn i'r dull traddodiadol, ond gall gynhyrchu defnydd ddwywaith y lled. Mae cynhyrchwyr dillad yn mynnu eu bod nhw'n cael y defnydd lletach ond, yn anffodus, all llawer o'r gwehyddion ddim fforddio'r peiriannau newydd. O'r herwydd, mae'r dyfodol yn ansicr iawn.

'Gwehyddu fu asgwrn cefn bywoliaeth yr ynys hon ers cyn cof,' meddai Donald Morrison, ysgrifennydd gwehyddion yr ynys. 'Fe fu yma bysgota a thyddynna, ac fe fu iard olew yn Stornoway. Ond gwehydda oedd conglfaen bywoliaeth yr ynys. Pan fo'r gwehydda yn edwino o ganlyniad i ddirwasgiad mae pawb yn ei deimlo.'

Roedd newidiadau, felly, yn effeithio ar un o ynysoedd mwyaf anghysbell Ewrop. Ond mae 'na rai pethe sy'n aros yn sefydlog a digyfnewid. Mae cylch meini Calanish, a luniwyd gan ddyn, wedi eu cerfio gan law a gwynt pum mil o flynyddoedd. Fe'u codwyd, mae'n debyg, i ffurfio rhyw fath o gloc cosmig sydd mewn cytgord â'r haul, y lloer a'r sêr. Ac maen nhw'n dal i fesur y canrifoedd.

O gwmpas roedd y tirlun yn hudol, ac yn y cefndir roedd amlinell y mynydd yn ymddangos fel corff merch yn gorwedd. Yr enw lleol ar y tirlun yw'r Tirwedd Sanctaidd ac mae hwnnw mewn cytgord perffaith â'r meini.

'Bob cylch o ddeunaw mlynedd mae'r lloer yn dod drosodd yn arbennig o isel dros y Tirwedd Sanctaidd,' meddai un o swyddogion Canolfan Calanish, Mary Ann McIver. 'Ac mae'n rhaid gen i fod a wnelo'r cylch meini rywbeth i'w wneud â hynny.'

A hithau'n ferch o'r ardal, roedd Mary Ann yn gyfarwydd iawn â'r hen chwedlau am Calanish ac ni feiddiai hi na neb arall o'r fro fentro i'r cyffiniau wedi nos.

Er mor unig ac anghysbell oedd Meini Calanish roedd mwy o fywyd yno nag ym mhrif dre – yn wir, unig dre – Harris a Lewis, Stornoway, ar ddydd Sul. Ar ôl treulio noson dawel mewn gwesty yno dyma herio'r Minch unwaith eto ar fordaith deirawr i Ullapool.

Y diwydiant pysgota sy'n gyfrifol am drefi fel Ullapool ar yr arfordir gorllewinol, ac mae'r ardal, Sutherland, y wylltaf a'r fwyaf dramatig o siroedd yr Alban. Ar ôl milltiroedd o deithio ar draws gwlad heb weld nemor un enaid byw, tipyn o sioc oedd canfod canolfan bysgota brysur arall.

Falle bod Kinlochbervie, yn y gogledd-orllewin eithaf, yn bell o bobman, ond mae'r porthladd pysgota yn ei gysylltu â phob rhan o gyfandir Ewrop.

Ar ddechre'r cyfnos, pan oedd pawb arall wedi gorffen eu gwaith, yr oedd bywyd yn dechre yn Kinlochbervie. Dyna pryd fyddai'r llongau pysgota, ugeiniau ohonyn nhw, yn cyrraedd y cei i ddadlwytho ffrwythau'r eigion. Fe gâi'r cannoedd o focsys o bysgod eu gwerthu wedyn mewn adeilad anferth pwrpasol, a hynny bob nos. Tebyg iawn i fart anifeiliaid, ond mai pysgod oedd yn mynd o dan y morthwyl yno. Ac oedd, ymhlith y prynwyr, roedd 'na Gymro.

Fe fagwyd Alun Owen yn Llundain ond yn yr Alban roedd e wedi byw ar wahân i gyfnod yn y Brifysgol ym Mangor a chyfnod arall yn gyrru bysys ym Methesda. Gweithredu fel asiant ar ran gwahanol werthwyr pysgod oedd Alun. Ar noson arferol byddai'n prynu tua dau gant o focsys.

Fel arfer fe fyddai cwsmeriaid Alun yn archebu'r pysgod ymlaen llaw, ond nid bob tro. Weithiau fe fyddai'n prynu ar ei liwt ei hun gan obeithio am lwc wrth eu gwerthu ymlaen i rywun arall. Nid cyfrwng bywoliaeth yn unig oedd pysgod iddo – roedd yn mwynhau eu bwyta hefyd.

'Mae'r pysgod i gyd yn dda, ond corbenfras neu *haddock* yw'r ffefryn. Yr adeg hon o'r flwyddyn fe fydda i'n eu bwyta rhyw ddwywaith neu dair yr wythnos.'

Erbyn diwedd y nos roedd Alun wedi prynu 220 o focsys, mwy na'r bwriad. Ond o ystyried iddo gael gradd coleg, pam mynd i'r byd prynu pysgod?

'Mae'n well gen i wneud gwaith fel hyn, defnyddio 'nwylo a 'mhen i raddau, a gweithio ar fy nhraed.'

Fe ofynnais iddo ai yno y byddai rhagor? Cefais ateb da.

'Mae rhagor yn amser hir.'

Ydi, fel y dywedodd Bob Dylan, *'Tomorrow is a long time'*. Ac roedd yfory hir yn fy wynebu innau wrth barhau'r daith i'r gogledd.

Roedd y golygfeydd yn y gogledd yn odidog, ond roedd yna dristwch mawr hefyd. Teithio am filltiroedd ar filltiroedd ond heb weld neb. Eto i gyd, nid ar ddamwain y mae prinder pobol yn y gogledd eithaf. Mae'r cyfan yn ganlyniad i bolisi bwriadol a allai gael ei ddisgrifio heddiw fel *ethnic cleansing*.

Dim ond enw oedd yr Highland Clearances i mi cyn mynd yno. Wyddwn i ddim am y cannoedd ar gannoedd o bobol oedd wedi'u troi allan o'u cartrefi, a'u tai wedi cael eu llosgi'n llwch yn enw datblygiad amaethyddol. Ond roedd y dystiolaeth i'w gweld yn glir. Yn eglwys Croick, efallai, roedd y dystiolaeth dristaf.

Yn 1845 fe gafodd pobol Glencalvie eu troi allan o'u tai er mwyn gwneud lle i ffermio defaid. Fe lochesodd nifer ohonyn nhw yng nghysgod talcen yr eglwys. Doedden nhw ddim am fynd i mewn i'r eglwys gan y teimlent y byddai hynny'n gabledd.

Fe grafodd nifer o'r bobol ddigartref eu henwau ar wydr ffenest yr eglwys er mwyn gwneud yn siŵr na châi'r hyn a ddigwyddodd iddyn nhw fyth gael ei anghofio. Ac mae'r graffiti trist i'w weld yno o hyd. *'Glencalvie people the wicked generation,'* medd un. *'Glencalvie people was here in the churchyard May 24, 1845,'* medd un arall. *'Glencalvie murder was in the year 1845,'* medd un arall eto.

Yn Bettyhill ar arfordir y gogledd mae 'na eglwys arall sydd bellach yn amgueddfa i gofio'r clirio mawr. Fe enwyd y pentre ar ôl Elizabeth, Iarlles Sutherland, a gyflwynodd dir yn rhodd i denantiaid a drowyd allan o'u tai.

Curadur Amgueddfa Strathnaver oedd Eliot Rudie. Fe ofynnais

iddo pa mor greulon, mewn gwirionedd, fu'r Clearances? A oedd hi'n wir fod pobol wedi'u taflu'n llythrennol allan o'u tai?

'Yn sicr. Mae'n union fel gofyn y cwestiwn, "A wnaeth yr holocost ddigwydd?" Mae pobol yn galw yma gyda'r un stori dro ar ôl tro, pobol o Awstralia, o Seland Newydd, America, Canada, Nova Scotia, a phawb yn dweud fod eu cyn-deidiau wedi eu taflu allan o'u cartrefi ac wedi ymfudo. Fe glywn ni'r un stori'n cael ei hailadrodd sawl gwaith.'

Y pen bandit oedd Patrick Sellar, y Factor neu'r asiant didostur oedd yn gweithredu ar ran y perchen tir. Yn yr amgueddfa roedd model o bentre cyfagos Achanlochy, un o'r cymdeithasau oedd wedi bodoli am ganrifoedd ond a chwalwyd yn llwyr. Fe aeth Eliot â mi yno i weld y lle. Yno, ynghanol y rhedyn, doedd dim byd ond olion y deg tŷ a'r gerddi, cofgolofn i'r ffordd y cafodd pobol y gogledd eu cam-drin dros y canrifoedd.

Dim ond un agwedd o broblemau'r gogledd – yr un fwyaf dramatig, mae'n wir – oedd yr Highland Clearances. Fe fu brwydr y tyddynwyr am chwarae teg yn un hir a chymhleth. Ardal a ddioddefodd gymaint â'r un oedd Assynt yng ngogledd-orllewin Sutherland, ond yno roedd y rhod wedi dechrau troi a'r fenter wedi cydio yn nychymyg pobol drwy'r byd.

Yn 1992 fe lwyddodd y trigolion i atal eu landlord rhag gwerthu eu cartrefi i gwmni o Sweden trwy godi arian i brynu'r stad eu hunain.

Heddiw, mae ymddiriedolaeth leol yn ceisio dod â bywyd newydd i'r gymuned, rhywbeth sydd wedi bod yn ysbrydoliaeth i ardaloedd eraill drwy ogledd yr Alban.

Un o bileri'r ymddiriedolaeth oedd Isabel MacPhaill, cyn-fyfyrwraig yng Ngholeg Prifysgol Llambed.

'Fe wnaeth y tyddynwyr fynnu nid yn unig sicrwydd eu daliadaeth a rhenti teg ond hefyd fod y tir a ddygwyd oddi ar y bobol yn cael ei ddychwelyd. Ni pharchwyd yr hawl hwnnw. Dyna pam fod yr hyn a wnaethon ni yma mor arwyddocaol gan gyffwrdd â chalonnau cymaint o bobol.'

Ar y nodyn gobeithiol hwnnw dyma adael y mynyddoedd a throi am wastadedd Caithness. Dydi Caithness, er mor bell i'r gogledd, ddim fel petai'n perthyn i'r Ucheldir. Syndod oedd gweld miloedd o erwau o dir ffrwythlon.

Fel un o wylwyr selocaf **Mastermind**, roedd yn rhaid i mi alw i mewn i ffatri wydr Caithness. Yno y llunnir y fowlen a gyflwynir i enillydd y gystadleuaeth bob blwyddyn ac fe ges i'r fraint o ddal copi perffaith o'r fowlen risial a enillwyd y flwyddyn cynt. Ie, dyna'r agosaf fedra i ddod at wobr **Mastermind**!

Caithness Glass, a sefydlwyd yn nechrau'r '60au, yw'r hysbyseb orau i sir fwyaf gogleddol Prydain: Erbyn hyn mae'r cwmni'n cyflogi dros 200 o grefftwyr yn Caithness ac yn ei ffatri arall yn Perth.

Yn y ddwy ffatri y ffurfir y gwydr ac y chwythir yr hylif berwedig i wahanol siapau cywrain – camp sy'n cymryd saith mlynedd i'w meistroli.

Gyda llaw, dim ond wrth i mi adael y ffatri y dywedwyd wrthyf fod y copi o fowlen **Mastermind** yn amhrisiadawy. Diolch byth na wyddwn ynghynt!

Ac o'r diwedd, ar ôl mis o deithio, dyna gyrraedd John O'Groats, a gofyn i mi fy hun – a fu'r daith yn werth y drafferth? Fe ges fy rhybuddio ar hyd y daith mai cael fy siomi a wnawn. A chafodd y rhybuddion eu gwireddu. Fel pob pen draw'r byd, unig bwrpas cyrraedd yno oedd y medrwn ddweud, ar ôl mynd adre, 'mod i wedi bod yno. Ond fe wfftiais y cyfle i brynu gwagedd i brofi hynny.

Fe enwyd y lle, mae'n debyg, ar ôl gŵr o'r Iseldiroedd, Jan De Groot, oedd yn byw yno yn y 15fed ganrif mewn tŷ wyth-ochrog. Fe gafodd drwydded i gychwyn gwasanaeth fferi i'r Orkneys, gan godi grôt am y daith. Dyna, felly, awgrym arall o darddiad enw'r lle.

Ond roedd yno ddiddordeb i Gymro fel fi gan i mi gyfarfod â Chymraes oedd yn byw yn yr ardal, Sally Frow, yn wreiddiol o'r Tymbl. Sut brofiad oedd byw mewn man mor anghysbell?

'Mae'n iawn byw yma o ddydd i ddydd. Ond os ydych chi am fynd i rywle – er enghraifft, os bydd rhywun adre'n sâl – mae e'n bell ac rych chi'n cynhyrfu am fod yna gymaint o daith o'ch blaen chi. Ond os medrwch chi fyw'n hapus a bod yn iach mae hwn gystal ag un lle. Ond peidiwch â sôn am fisoedd y gaeaf – mae hi'n ofnadwy yma!'

A gan Sally y ces i'r newydd trist nad John O'Groats, wedi'r cyfan, oedd man mwyaf gogleddol tir mawr Prydain ond, yn hytrach, penrhyn Dunnet Head dair milltir i ffwrdd. Ac mae'n debyg ei fod e'n llecyn llawer prydferthach na John O'Groats.

Beth bynnag am hynny, roedd hi'n amser i mi droi am adre. Dim ond 644 milltir oedd i fynd, ac fe fyddai'n rhaid mynd drwy Gretna Green ar y ffordd yn ôl. Dyna i chi galondid!

TRO
BREIZH

*'Diau bod tristwch yn Llydaw, fel y mae'n rhaid
iddo fod ymhob gwlad tra bo i ddyn ei drueni fel
ei fawredd. Ond y mae yno fwynder ddigon a
digrifwch calonnau di-ofidiau, a chwerthin a
chwarae meddyliau diniwed, heb eu handwyo
gan addysg arwynebol.'*

Ambrose Bebb, *Llydaw*

O St Malo i Roazhon

Ar ddec llong Brittany Ferries ar y ffordd i St Malo fedrwn i ddim llai na meddwl am yr holl Gymry oedd wedi gwneud y siwrne hon o'r blaen ar hyd y canrifoedd, yn seintiau, cenhadon, llenorion, twristiaid ac, wrth gwrs, yn Sionis Winwns.

Ar un adeg, yn y gorffennol pell, roedd taith arall yn disgwyl rhai ar yr ochr draw, sef pererindod o gwmpas saith o fannau cysegredig y wlad. Ac os na fedren nhw orffen y daith yn fyw, roedd modd parhau wedi iddyn nhw farw drwy symud y corff bellter o hyd yr arch bob saith mlynedd.

Yr enw ar y bererindod drwy Lydaw oedd *Tro Breizh*, neu Tro yn Llydaw.

Fel mae'n digwydd, mae St Malo yn un o saith esgobaeth Llydaw a'i heglwys felly yn un o saith eglwys gadeiriol a ffurfiai bererindod y *Tro Breizh*. Mae'r *Tro Breizh* bellach wedi'i adfer – ond stori arall yw honno.

Hanner awr dda cyn cyrraedd y porthladd roedd dinas St Malo i'w gweld yn glir, dinas gryno, gaerog yn swatio uwchlaw'r môr. 'Dyma'r lle cyntaf welsom yn Llydaw,' meddai O. M. Edwards dri chwarter canrif yn ôl. 'Saif ar graig red allan i'r môr, a gwelsom fod mur uchel, cadarn yn amgylchu'r ddinas.'

Ond welai O.M. fawr o rinweddau yn y lle. Wrth sôn am fudreddi ar y strydoedd dywedodd, 'Cyn belled ag y mae a fynno carthffosydd â gwareiddiad, y mae Llydaw gan mlynedd ar ôl.' Ac aeth ymlaen i ddatgan, 'Fel Pabyddiaeth, o bell y mae St Malo dlysaf.'

Naill ai roedd O.M. yn arbennig o ragfarnllyd, neu mae St

Malo wedi newid y tu hwnt i bob adnabyddiaeth. Mae hyn yn beth rhyfedd i'w ddweud, ond mae St Malo wedi newid yn llwyr ers dyddiau O.M., ac eto dydi hi ddim. Ym mis Awst 1944 fe ddifrodwyd y ddinas bron yn llwyr yn ystod pythefnos o ymosod milain ar ei gilydd gan Wythfed Byddin y Cadfridog Patton a'r amddiffynwyr Almaenig. Llosgwyd y ddinas o ganlyniad i fomiau a rocedi a chan fombardio di-stop llongau allan yn y môr.

Fe ailadeiladwyd y ddinas yn llwyr gan gadw'n ffyddlon i batrwm pensaernïol a ymestynnai o'r 12fed i'r 18fed ganrif.

Heddiw mae hi'n dre lanwedd, brydferth gyda strydoedd culion, atyniadol. Ymhlith f'atgofion i am St Malo fe fydd y mwynhad o fwyta cregyn gleision a sipian *cidre bouché* yn yr haul y tu allan i'r Hôtel de l'Univers, crwydro'r muriau a syllu i lawr ar yr ynys fechan lle mae bedd Chateaubriand – a chyfansoddi englynion digon amheus gyda'r cyfarwyddwr y tu allan i'r bar Gwyddelig.

Mae modd teithio o gwmpas y dref ar drên bach, taith sy'n cymryd tua tri chwarter awr. Mae hi'n daith gwerth ei gwneud os am weld y dref yn iawn.

Fel tref borthladd, mae St Malo wedi tyfu'n ganolfan dwristiaeth bwysig sy'n bair cosmopolitan. Bron fod modd i chi glywed pob iaith yno ac eithrio'r Llydaweg.

Ac yn St Malo yr ychwanegais i air newydd i'm geirfa – thalassotherapi. Mae'n anodd i'w ynganu ac yn anos fyth ei esbonio. Digon yw dweud mai'r brif egwyddor yw adfywio corff ac enaid trwy ddefnyddio dŵr y môr, hen syniad sydd unwaith eto'n ffasiynol. Ac, wrth gwrs, fe fu'n rhaid i mi roi cynnig arni.

Dyma gyrraedd rhyw deml farmor o le ar gyrion y dref a chael f'arwain i'r stafell newid fel oen i'r lladdfa. Yno fe dderbyniais wenwisg wlanen ar ffurf gŵn gwisgo llaes ynghyd â thywel o'r un defnydd mewn bag plastig. Wrth grwydro'r coridorau teimlwn fel darpar-noethlymunwr yn siopa yn Tesco.

Fe gychwynnodd y driniaeth mewn stafell antiseptig oedd yn cynnwys gorweddfan pren, bar metel wedi'i sgriwio i'r wal, piben ddŵr na fyddai allan o'i le ar injan dân, a menyw gyhyrog a allai herio El Bandito.

I ffwrdd â'r gŵn gwisgo gan fy ngadael yn crynu mewn pâr o drôns Caribïaidd. Saethodd y fenyw orchymyn i mi droi a chydio'n dynn yn y bar metel. Bron na chliciais fy sodlau wrth ufuddhau ac yngan, '*Ja, mein fräulein*'. Ac yna'n sydyn dyma Niagara o lifeiriant yn fy nharo yn fy eis nes fy mod i'n gwegian.

Wedi i rym y dŵr daro pob modfedd o'm cefn fe ailadroddwyd y driniaeth wrth i mi orffwys ar yr orweddfan. Y tro hwn anelwyd grym y dŵr at fy mol. Ac am y tro cyntaf yn fy mywyd medrwn gydymdeimlo â phryfyn pan gaiff ei daro gan ffenest flaen car modur sy'n teithio ar gyflymdra o gan milltir yr awr.

Yna, allan o'r boenydfa ac i mewn i bwll dwfn lle bu bron iawn i mi fwynhau fy hun, a hynny hwyrach am fod merch wrth fy ymyl a allasai'n hawdd fod wedi camu allan o dudalennau *Vogue*. Ar ôl mwynhau cael fy suo gan donnau artiffisial y pwll cefais f'arwain i stafell antiseptig arall lle bu'n rhaid i mi ymladd tunnell o fenyw am yr hawl i gadw fy nhrôns am fy mhen-ôl. Roedd yn rhaid i'r cleient fod yn noeth ar gyfer y driniaeth nesa, medde hi. Ceisiais esbonio fy anfodlonrwydd drwy ddyfynnu Spike Milligan: '*Naked, I have a body that invites burial*'. A fi a orfu.

Dros dro yn unig y bu'r fuddugoliaeth. Fel dial fe arllwysodd yr *Incredible Hulk* fwcedaid o slwdj gwyrdd – gwymon wedi'i falu – dros fy nghorff a'i blastro dros fy hyd a'm lled ac yna fy ngadael i orwedd am chwarter awr cyn chwistrellu'r llysnafedd i ffwrdd.

Ar ddiwedd y driniaeth, rhaid oedd i mi gyfaddef fy mod yn teimlo'n well. A phetawn i'n gwybod fod y ferch o *Vogue* yn dal yn y pwll, fe awn i'n ôl am ragor.

Thalassotherapi, mae'n debyg, yw'r driniaeth ffasiynol erbyn hyn ac ymhlith y cleients, am £150 y dydd, mae teulu brenhinol Monaco. Y Dywysoges Stephanie a minne yn y pwll gyda'n gilydd. Nawr, dyna i chi bosibilrwydd!

Roedd cryn hanner dwsin o ganolfannau tebyg ar hyd arfordir Llydaw, o St Malo lawr i Kiberon. Ac mae'r arbenigwyr yn tyngu fod y driniaeth yn ffordd ddelfrydol o ymlacio, o gysgu'n well a hyd yn oed i golli pwysau.

Doedd dim angen thalassotherapi i ymlacio ar ran nesa'r siwrne, sef taith mewn cwch o St Malo i Dinan, a honno'n daith hamddenol yng nghwmni Rita Williams. Rwy wedi cwrdd â llawer o Lydaw-garwyr erioed ond neb yn debyg i Rita. Ar wahân i fod yn arbenigwraig ar iaith, hanes a thraddodiadau'r wlad, mae hi a'i gŵr Carl yn dal ar bob cyfle i fynd yno. Ac yn nodweddiadol o wraig fu mor drylwyr am 22 o flynyddoedd fel darlithydd mewn Llydaweg yng Ngholeg Prifysgol Aberystwyth, roedd hi wedi paratoi nodiadau manwl fel canllawiau i ryw farbariad anwybodus fel fi.

Wrth i'r cwch pleser groesi o St Malo am Dinard i ddechrau, ac yna ymlaen am Dinan ar hyd yr afon Rens, fe gofiais i O. M. Edwards fynd ar yr union daith. A rhaid oedd troi at dudalennau ei gyfrol *Tro yn Llydaw* i weld beth oedd ganddo i'w ddweud. Syndod y byd, roedd e'n canmol:

'Y mae'r fordaith i fyny'r Rans yn un ddymunol odiaeth, er na cheir golygfeydd mor fawreddog â Loch Lomond, na rhai swynol fel golygfeydd y Rhein.'

Roedd e'n hoff o Dinan hefyd, a doedd hynny'n fawr o syndod. O'r cei roedd ffordd gul yn troelli ei ffordd i fyny i'r ddinas sy'n sefyll ar fryn uchel. Er ei bod yn dyddio'n ôl i'r Oesoedd Canol fe lwyddodd i gadw'i chymeriad hynafol gyda'i thai hanner-coediog a'i strydoedd culion.

Ond rhaid oedd bwrw 'mlaen am St Cast lle'r oedd cofgolofn ddiddorol yn nodi buddugoliaeth Ffrainc dros Loegr yn 1758. Ar ben y golofn uchel roedd modd gweld delwau o filgi ac o lewpart, gyda'r milgi Ffrengig yn damsang ar y llewpart Seisnig.

Yn ôl Rita, roedd chwedl hynod ddiddorol wedi tyfu o gwmpas y frwydr.

'Yn ôl yr hanes, sydd i'w ganfod mewn cerdd yn y gyfrol *Barzaz Breiz*, fe wrthododd y Cymry oedd ym myddin Lloegr ymladd yn erbyn y Ffrancwyr wedi iddyn nhw glywed y Llydawyr oedd ym myddin y Ffrancod yn siarad iaith debyg i'r Gymraeg.'

Wyddai Rita ddim faint o wirionedd oedd i'r stori ond, yn sicr, mae hi'n stori ddigon diddorol i fod yn wir.

Ond ymlaen â ni gan ffarwelio â Rita dros dro a theithio tua Roazhon, neu Rennes. Ac yn eglwys Gevese, tua deng milltir o'r ddinas, fe gawsom ni fel criw un o'r profiadau mwyaf cofiadwy o'n hymweliad i gyd, hwyrach y mwyaf cofiadwy. Fe'n gwahoddwyd yno i ffilmio pedwarawd Arsis yn canu emynau yn ddigyfeiliant.

Y prif leisydd oedd Nolwenn Korbell, sy'n fwy cyfarwydd i ni yng Nghymru fel aelod o'r grŵp gwerin Bob Delyn a'r Ebilliaid. Wrth allor yr eglwys canodd emynau Slofaneg a Lladin o'r 12fed ganrif, emynau oedd heb eu cofnodi tan yn gymharol ddiweddar ond a oedd wedi goroesi ar gof a chadw.

Fedrai Nolwenn ddim fod wedi canu mewn lle mwy addas o ran awyrgylch ac acwstics naturiol. A phan ganodd, fe'n hoeliwyd ni i gyd i'n seddi. Roedd e'n brofiad ysbrydol, yn brofiad arall-fydol, bron. A'r cyfan fedra i ei ddweud yw, os ydi angylion yn medru canu, yna llais fel Nolwenn Korbell sydd ganddyn nhw.

Fe gawsom gyfle i gyfarfod â Nolwenn mewn sefyllfa wahanol, yn ei swyddfa yn stiwdio deledu Fr 3 yn Roazhon. Hi yw cyflwyn-ydd yr unig raglen ddogfen mewn Llydaweg a gaiff ei darlledu bob wythnos a hynny am dri chwarter awr bob dydd Sul. Yr unig offrwm Llydaweg arall yw bwletin pum munud o newyddion bob cyfnos i wylwyr yng ngorllewin Llydaw yn unig.

Esboniodd Nolwenn fod Fr 3 yn darlledu drwy Ffrainc ben-baladr. Darlledir yr awr a hanner drwy gyfrwng un o'r 'ffenestri' sy'n ei gwneud hi'n bosib o fewn yr amserlen i ddangos ambell raglen ranbarthol.

Tristwch y sefyllfa yw fod mwy o ddarpariaeth i dwristiaid ar y sianel nag sydd ar gyfer siaradwyr neu ddysgwyr Llydaweg. Ac roedd Nolwenn yn feirniadol iawn o'r rhai sy'n rhedeg y sianel. Doedden nhw ddim, meddai, am weld unrhyw estyniad i'r oriau darlledu nac unrhyw ddatblygiad cadarnhaol a fyddai'n hybu'r iaith.

Tybed a fyddai un o gyflwynwyr S4C, o fewn pencadlys y sianel yn Llanishen, yn fodlon siarad mor ddiflewyn-ar-dafod? Choelia i fawr.

Cariad Nolwenn, a phrif ffigur band Bob Delyn, yw Twm Morys. A gwelai ef y sefyllfa'n hynod o drist, yn arbennig o ran prinder rhaglenni plant. Yn wir, teimlai fod y sefyllfa, os rhywbeth, wedi dirywio gyda phobol wedi dod i dderbyn mai rhywbeth i'r hen do yn unig oedd y Llydaweg.

Yn anffodus, does dim ffigurau dibynadwy ar gael sy'n dangos faint o bobl sydd bellach yn siarad Llydaweg. Fe ddangosodd un sampl yn 1992 fod 689,000 yn rhanbarth Bretagne yn deall yr iaith a 518,000 yn ei siarad. Credir fod 300,000 yn gwrando neu'n gwylio rhaglenni radio neu deledu yn yr iaith. Ond o sgwrsio â Twm yn ddiweddar credai y gallai fod cyn lleied ag ychydig filoedd o bobl ifainc yn siarad yr iaith yn rhugl bellach, a'r rheiny'n wasgaredig.

Yn Roazhon, wrth gyfarfod â chriw o bobol ifanc oedd yn rhugl eu Llydaweg, roedd hi'n hawdd i mi dwyllo fy hun fod y sefyllfa yn llawer gwell na'r disgwyl. Yn nhafarn y Claddagh, a gedwir gan Dan, cymeriad o Wyddel, roedd yr iaith yn llenwi'r lle. Ond myfyrwyr neu gyn-fyfyrwyr yn y ddinas oedd yn ei siarad. A chriw byrlymus oedden nhw. Profiad dymunol iawn fu cyfarfod, dros bryd o *kig ha fars*, â Gwawr, Catrin a Geraint, y tri yn Gymry, a Nicolas a Padi, dau Lydawr, a phob un ohonyn nhw'n siarad Cymraeg a Llydaweg.

Mae profi *kig ha fars* yn brofiad bythgofiadwy ynddo'i hun. Fe drefnwyd y cyfan mewn tŷ bwyta bychan a gâi ei redeg gan wraig a wyddai gyfrinachau'r paratoi. Y farn gyffredinol yw mai pobol Bro Leon yw'r arbenigwyr, a'r dull traddodiadol hwnnw a fabwysiadwyd gan y wraig.

Yn syml, darnau o gigoedd o bob math yw *kig ha fars,* ynghyd â gwenith gwyn a du a bresych yn gymysg â llysiau eraill yn cael eu gosod mewn sach a'u berwi gyda'i gilydd mewn crochan. Defnyddir y dŵr o'r berwad cyntaf fel cawl. Yna ailferwir y gweddillion a'i rannu fel prif bryd gyda saws menyn yn goron ar y cyfan.

I gwblhau'r pryd, wrth gwrs, roedd yn rhaid cael diod o seidr a gwydraid o *chouchenn*. Pryd cyflawn os bu un erioed! Yn wir, nid pryd ond saig.

Ar ôl rhoi'r byd – a'r bwyd – yn ei le yn y tŷ bwyta rhaid oedd troi'n ôl am dafarn Dan i gloi'r noson gan drefnu i gyfarfod â Gwawr a Catrin y diwrnod wedyn i gael tipyn o hanes y chwedl Arthuraidd, hynny yw, y fersiwn Lydewig ohoni.

Saif Coedwig Paimpont, neu Brocéliande, i'r gorllewin o Roazhon ac yma, yn ôl yr hanes, roedd teyrnas y Brenin Arthur. Fe aeth Gwawr a Catrin â mi at lyn ger hen blasty, ac yno, yn y llyn, yn ôl y chwedl, y trigai Viviane. Dywedir i Myrddin ddisgyn o dan ei hud tra oedd yn cysgu ger ffynnon yn y goedwig ac er mwyn ei gadw'n llonydd fe'i caeodd o fewn carreg enfawr. Ac mae Maen Myrddin i'w weld o hyd yn ymyl Ffynnon y Tylwyth Teg yn Barenton.

Wedi cryn drafferth fe wnaethon ni lwyddo i ganfod y ffynnon ac mae honno'n cyd-fynd yn berffaith â'r hen chwedl sy'n mynnu bod teyrnas Arthur mewn man lle ceir ffynnon oer sydd, ar yr un pryd, yn berwi. Roedd y ffynnon arbennig hon yn cynhyrfu'n rheolaidd o ganlyniad i nwyon sy'n treiddio iddi drwy'r graig o'i chwmpas.

Gerllaw roedd Dyffryn y Tylwyth Teg, Konkored, a hawdd credu mai yn y cylchoedd hyn yr oedd cynefin Arthur a'i farchogion a Myrddin a'r holl arwyr eraill sy'n rhan o'r hanes.

Gan ein bod yng nghyffiniau Roazhon, ni allem adael yr ardal heb gyfarfod ag un gŵr arbennig iawn. Mae Per Denez yn hen ffrind i Gymru ac i'r Gymraeg. Fe fu'n barod iawn i gyfarfod â ni, a mynd â ni ar daith o gwmpas y ddinas. Ei gwestiwn cyntaf oedd, 'Sut mae Gwyn Erfyl?' Diddorol oedd dilyn llwybrau ei blentyndod, gweld y tŷ lle'r arferai fyw a'r ysgol lle'i addysgwyd.

Roedd Per Denez yn 13 oed yn dechrau dysgu Llydaweg. Fe aeth ymlaen, wrth gwrs, i fod yn Athro ym Mhrifysgol Roazhon gan ddod yn brif ladmerydd ei wlad.

Dioddefodd Roazhon, y Ddinas Goch, yn enbyd yn 1720 gan dân a ddinistriodd tua 900 o adeiladau, ac mae'n hawdd gweld ble mae'r adeiladau a ailgodwyd yn cyfarfod â'r rhai hŷn.

Dioddefodd eto adeg yr Ail Ryfel Byd a hynny, yn ôl Per Denez, yn fwy o dan fomiau'r Americanwyr na rhai'r Almaenwyr. Ac mae cysgod y rhyfel yn dal fel rhyw gwmwl trist dros Lydaw. Fe gymer flynyddoedd cyn i'r holl wirionedd ddod i'r golwg ynglŷn â'r cyd-weithio honedig a fu rhwng rhai cenedlaetholwyr a'r Natsïaid. Yr hyn sy'n ddiymwâd yw i'r cyfan arwain at ddial a gwrth-ddial.

Yng nghwmni Per Denez fe ymwelais â Gerddi Thabor. Yno, mewn llecyn sy'n dal i gael ei alw yn Uffern, fe ddienyddiwyd dau ŵr ifanc yn 1946 am gario arfau dros Lydaw. Y ddau oedd Andrew Geffroy a Léon Jasson, yr olaf yn fardd sydd â'i waith ar gof a chadw yn y Llyfrgell Genedlaethol yn Aberystwyth.

Ond hoffwn i ddim gadael Roazhon ar nodyn trist. Roedd yno lawenydd hefyd, yn enwedig felly ar noson Mehefin 21, y noson a benodwyd gan Lywodraeth Ffrainc i fod yn ddiwrnod cerddoriaeth cenedlaethol.

Roedd Nicolas Davalan, uwchben y *kig ha fars,* eisoes wedi mynnu mai Roazhon oedd prifddinas roc Ffrainc ac wrth grwydro'r strydoedd orlawn gyda dwsinau o fandiau yn chwarae ar bob cornel, a'r bariau ar agor tan ddau y bore heb unrhyw drafferth, fedrwn i ddim dadlau â Nicolas.

Roedd yn rhaid i mi ofyn i Per Denez fy arwain at stryd a dyfodd yn fangre llawn rhamant yn fy nychymyg, diolch i Meic Stevens. Ac wrth grwydro drwy y Rue St Michel a'i lliw, ei chyffro a'i sŵn, chefais i mo fy siomi.

Hwyrach fod Chez Minouche wedi troi yn Bar de Michel. Hwyr-ach fod y wisteria a arferai hongian o'r wal wedi gwywo. Ond …

'Ar y Rue St Michel y mae gwres yn yr awel
    pan mae'r gwanwyn yn troi tua'r haf.
I awyr y bore daw arogl coffi,
    rwy'n mynd nôl i'r hen Rue St Michel …'

Ac yn sicr fe af innau, fel Meic, yn ôl.

O'r Pardwn i Bont yr Abad

Pentre bach yn ne Llydaw yw Santez-Anna-Wened, neu Sainte Anne d'Auray, ond ynddo mae'r gofeb genedlaethol i'r Llydawyr a syrthiodd yn y Rhyfel Mawr.

Yno ceir pedair wal uchel yn ffinio cwrt tua 200 metr sgwâr. Ym mhen draw'r cwrt saif adeilad sy'n gofadail urddasol, un sy'n gweddu'n berffaith i'r eglwys anferth ar y naill law a Grisiau Sanctaidd y Santes Anne ar yr ochr arall.

Pan godwyd y waliau a'r adeilad, y bwriad oedd cofnodi arnynt enwau pawb a laddwyd yn y Rhyfel Mawr, ond doedd y waliau na'r adeilad ddim yn ddigon mawr. Felly fe gewch yma ac acw, yn hytrach nag enwau'r lladdedigion, enwau trefi neu bentrefi yn unig gyda'r nifer o drigolion a laddwyd yn cael ei nodi gyferbyn â'r enw.

Collodd Llydaw dros 240,000 o filwyr a morwyr yn y Rhyfel Mawr, un o bob 14 o'i phoblogaeth a'r nifer mwyaf, ar gyfartaledd, i'w colli mewn unrhyw wlad neu ranbarth a fu'n rhan o'r rhyfel.

Mynd yno wnes i ar gyfer y Pardwn blynyddol, y mwyaf yn Llydaw, ac un sy'n dyddio'n ôl i 1623. Cyrchfan pererinion o bob rhan o Lydaw a thu hwnt yw'r Pardwn, a gynhelir bob blwyddyn ar Orffennaf 25. Pan ymwelodd Dyfnallt â Llydaw ddechrau'r tridegau, roedd Santez-Anna-Wened yn gyrchfan i rhwng 40,000 a 50,000 o bererinion. Ac er bod y nifer erbyn hyn wedi ei haneru, mae'n dal yn olygfa ryfeddol wrth i'r pererinion symud liw nos o gwmpas y waliau gan ddal canhwyllau wrth ganu emyn y Santes Anne, mam y Forwyn Fair, emyn sy'n cynnwys y geiriau, 'Santes Anne, mam pob Llydawr'.

Sainte Anne d'Auray.

Cynhelir dwy orymdaith, y naill yn ystod y dydd a'r llall wedi nos a'r cyfan wedi'i gysegru i Anne. Ac er na fu Ambrose Bebb ym Mhardwn y Santes, roedd e'n gyfarwydd iawn â'r stori y tu ôl i'r digwyddiad fel yr adroddodd yn *Pererindodau* yn 1941:

'Dywed yr hanes i fachgennyn o'r enw Yves Nicolazic weled mam Mair Forwyn yno, a'i chlywed yn ei orchymyn i godi capel iddi. Ni chredai neb mo'i air hyd oni ddarganfu ef hen ddelw frau ohoni. Ar unwaith llifodd yr offrymau, a chyfodwyd eglwys a chwfaint yn ebrwydd.'

Yn draddodiadol, roedd y Pardwn yn gyfuniad o'r ysbrydol a'r materol gyda'r gwahanol wasanaethau crefyddol a ffair wagedd yn digwydd ochr yn ochr. Ac fe geir elfen o hynny o hyd gyda stondinau yn gwerthu balŵns, candi fflos a delwau plastig o Fair yn union y tu allan i borth yr eglwys. Yn y dyddiau gynt fe fyddai gweision fferm yn cael eu cyflogi yn y ffeiriau ond, fel yng Nghymru, fe ddaeth y traddodiad hwnnw i ben.

Pan oeddwn i yno roedd paratoadau mawr ar droed ar gyfer ymweliad y Pab â'r lle fis Medi diwethaf.

Mae gan y Pab ei *Popemobile*, ac ar draeth Penvins ger Sarzeau fe ges innau fy ngherbyd personol. Ond yn wahanol i'r Pab fe fu'n rhaid i mi ei yrru fy hun.

I rywun sy'n methu gyrru car roedd meddwl am orfod gyrru cerbyd ar draeth yn gymaint o her ag yr oedd e o arswyd. 'Paid gofidio,' medde'r cyfarwyddwr y noson cynt. 'Os na fydd yna wynt fyddwn ni ddim yn ffilmio.'

Pam roedd angen gwynt? Dyna'r cwestiwn fu'n fy nghadw ar ddihun gydol y nos. Hynny, a gweddïo'n daer am fore tawel. A wir i chi, y bore wedyn fe wireddwyd fy nymuniad – doedd yr un ddeilen y tu allan i ffenest y gwesty yn symud. Ond wedi cyrraedd traeth Penvins roedd hi'n stori wahanol: roedd awel fain yn crychu'r môr ac yn ôl yr argoelion fe fyddai'n cryfhau'n wynt cymharol gryf cyn cinio.

Doedd dim troi'n ôl. Hyd yr adeg honno doeddwn i ddim wedi gweld y cerbyd, ac fe ges i gryn syndod o'i weld yn cael ei wthio i'r traeth gan yr hyfforddwr, Phillipe Morin. Nid car oedd e ond math ar gwch hwylio ar olwynion gyda chorff plastig tua deg troedfedd o hyd, tair olwyn a hwyl uchel.

Y dechneg oedd gorwedd ar fy hyd ar gorff y cerbyd, llywio gyda'm traed a thynnu rhaff i gau neu agor yr hwyl, yn union fel petawn i ar y môr. Fe wyddwn i ddigon o wylio pobol eraill yn gyrru car i sylweddoli os trowch chi'r llyw i'r chwith y bydd car yn troi i'r chwith. Ond nid felly'r cerbyd hwn. Os am droi i'r chwith roedd gofyn i mi roi mwy o bwysau ar y llyw â'm troed dde.

Ond buan y cefais i afael ar bethe a chyn pen dim roeddwn i'n chwyrlïo rownd y traeth fel Sterling Moss. Na, mae hynna'n dangos fy oedran. Fel Michael Schumacher.

Yr enw ar y math hwn o rasio yw *char à voile*, sy'n golygu cerbyd hwylio. Fe allai, rwy'n siŵr, ddatblygu'n gamp boblogaidd ar draethau fel Ynyslas neu Bendein, a fi fydd y cyntaf i gymryd ati. Ond fe fydd gen i wrthwynebydd teilwng yn Bethan Evans, a oedd yn aelod pwysig o'r criw ffilmio fel ymchwilydd a chyfieithydd i ni. Fe gafodd hi gynnig ar rasio ac fe wnaeth yn hynod dda. Fel y dylasai. Wedi'r cyfan, mae hi'n ffit ac yn ifanc. Ond tybed a fedr hi addasu'r cerbyd ar gyfer hel a didol defaid ar fferm ei rhieni yng Ngwanas?

Mae rhai ardaloedd o Lydaw wedi denu arlunwyr ar hyd y blynyddoedd. Roedd gan Gaugin gysylltiad agos â Phont-Aven, ac roedd yno ysgol o arlunwyr yn cynnwys Emil Bernard, Serusier, Maufra, Filiger a Moret. Mae'r amgueddfa yn y dre yn cynnwys gweithiau'r rhain i gyd ac yn denu chwarter miliwn o ymwelwyr y flwyddyn.

Ac yn Rochefort-en-Terre, heb fod ymhell o Bont-Aven, mae artist o Gymro wedi ymsefydlu. Mae cynfasau Gwilym Prichard o Lanystumdwy i'w gweld bellach o gwmpas y byd.

Bu Gwilym a'i briod, Claudia Williams, hithau yn artist poblogaidd tu hwnt, yn byw mewn gwahanol ardaloedd yn Ffrainc, gan gynnwys Provence.

'Teimlo roedden ni, gan fod y plant i gyd yn byw mewn gwa-

114

hanol rannau o Brydain, y byddai symud i Lydaw yn ein gwneud hi'n haws i ni deithio i Roscoff neu St Malo i ddal y fferi,' meddai. 'Fe wnes i ystyried sawl lle, ond dyma Claudia a finna yn penderfynu ar Rochefort.'

A phwy fedrai eu beio? Dyma un o'r pentrefi prydferthaf i mi ei weld erioed, gyda'i adeiladau gwenithfaen hynafol fel rhesi o dai dol wedi eu hadeiladu ar gefnen o dir uchel. Ac roedd cyrraedd canol y pentre fel cerdded i mewn i'r math o gerdyn post y byddai rhywun yn ei anfon adre at berthnasau neu ffrindiau.

Roedd cartre Gwilym a Claudia yn ddarlun ynddo'i hun. Hen fecws y pentre yw'r tŷ uchel ac mae'r popty yn dal yno. Ar y llawr uchaf roedd gan y ddau eu stiwdios eu hunain, stafelloedd uchel, eang yn cael eu boddi gan haul drwy'r dydd.

Bonws i Gwilym oedd cael tŷ yn wynebu eglwys y plwyf, adeilad hynod sy'n dyddio'n ôl i'r 16eg ganrif ac o ffenest ei gartref fe greodd ddwsinau o luniau o'r adeilad ar bob tywydd ac yn y pedwar tymor gan wneud i eglwys Rochefort-en-Terre yr hyn a wnaeth Monet i Eglwys Gadeiriol Rouen.

Bonws arbennig arall i Gwilym yw fod hen blasty ynghanol coedwig hyfryd i'r cefn i'r tŷ. Ac yno mae'r wraig sy'n berchen ar y lle yn denu artistiaid o bob rhan o'r byd i drafod ac i beintio.

Fe fyddai Rochefort-en-Terre yn llecyn deniadol i unrhyw un. I artist, mae'n rhaid ei fod e'n baradwys.

Gwilym Prichard a'm danfonodd ar drywydd un o'r cymeriadau hynotaf i mi ei gyfarfod ar y daith. Fe'm cyfeiriodd at blasty bychan ar gyrion y pentref lle'r oedd hen ŵr, meddai, yn medru siarad Cymraeg – a hynny heb unrhyw wersi ffurfiol.

Roedd yr abwyd yn rhy flasus i'w anwybyddu. A draw â ni i gyfarfod ag Yves Bonvallet, a oedd dros ei bedwar ugain oed ond ag ysbryd llanc. Fe'n gwahoddodd i yfed glaseidi o sudd oren a sudd mintys yn ei stafell gysgodol, braf gyda hen bortreadau o'i hynafiaid yn gorchuddio'r waliau.

Roedd Yves yn hanner cant oed pan benderfynodd ddysgu Cymraeg. Fe aeth ati drwy astudio *Cymru'r Plant* a gwrando ar raglenni dysgu Cymraeg ar y radio. Yn anffodus, fe ddaeth y cyfle hwnnw i ben gyda'r newid patrwm yn dilyn dyfodiad VHF.

Un o freuddwydion mawr Yves oedd cael mynd ar wyliau i Wersyll yr Urdd, naill ai yn Llangrannog neu Lan-llyn. Fe ddanfon-odd sawl cais ond bob tro roedd y gwersyll yn llawn, meddai. Doedd gan neb mo'r galon i esbonio wrtho nad ar gyfer pobol dros eu hanner cant oed y bwriedid gwersylloedd Llangrannog a Glan-llyn!

Gwen-rann, neu Guerande, oedd y gyrchfan nesaf. Dyma ardal y gwelyau halen traddodiadol. O bobtu, yn is na lefel y ffordd, gorweddai sgwarau eang wedi'u cloddio allan o'r gors fel pyllau mawn enfawr. Yn croesi'r gwelyau hyn rhedai rhwydwaith o argaeau bychain driphlith-draphlith er mwyn dal dŵr y môr a gâi ei droi i mewn i'r pyllau drwy gyfrwng camlesi.

Gwynt, dŵr môr a haul oedd yn cyfuno i wneud i'r halen waelodi. Yna câi ei grafu allan i greu pentwr o halen fyddai'n cael ei roi mewn bagiau a'i werthu ar hyd ymylon y ffordd.

Roedd yr halen yn llawer brasach na'r hyn a geir mewn siopau yng Nghymru, ac yn llawer halltach hefyd. Ond mae hi'n ffordd o fyw sydd wedi parhau o fewn yr un teuluoedd ar hyd y canrif-oedd.

Nid halen yn gymaint â sbeisys o bob math fu'n gyfrifol am bwysigrwydd dau borthladd sy'n wynebu ei gilydd ar draws afon Scorff.

Mynd yno wnes i ar ôl clywed am Lydawr rhugl ei Gymraeg oedd yn gweithio yn swyddfa'r post yn An Oriant, neu Lorient, sy'n gyrchfan i filoedd o selogion canu gwerin bellach, wrth gwrs, pan gynhelir yr ŵyl fawr yno bob mis Awst. Fe fu Loic le Scouarnec yn *assistant* yn Sir Benfro 'nôl yn 1973, ac er mai mis yn unig oedd hyd ei gyfnod fel athro cynorthwyol fe ddaeth o dan ddylanwad criw Crymych. O dipyn i beth fe ddysgodd Gymraeg naturiol y criw hwnnw, ac er mai prin oedd ei ymweliadau â Chymru bellach fe lwyddodd i barhau i loywi ei iaith drwy wrando ar recordiau Dafydd Iwan ac eraill a darllen llyfrau Cymraeg.

Fe aeth Loic â fi am dro ar hyd strydoedd An Oriant a chytunodd mai dinas ddigymeriad iawn ydi hi. Y rheswm oedd i 80 y cant ohoni gael ei dinistrio adeg yr Ail Ryfel Byd gan mai yno roedd canolfan llongau tanddwr yr Almaen. Mae'r ffeuau lle llechai'r llongau hynny i'w gweld o hyd. Yn wahanol i hanes St Malo, ni adferwyd Lorient i'w hen ysblander, gyda'r canlyniad mai prin iawn yw olion dylanwad pensaernïol y dwyrain a fu mor nod-weddiadol o'r ddinas.

Gyda'r Almaenwyr mor weithgar yn yr ardal, roedd hi'n natur-iol fod y *Résistance* yr un mor weithgar. Teimlad trist wrth groesi'r aber i hen borthladd Port Loez oedd canfod bedd torfol i ddwsinau o'r dewrion hyn a ddienyddiwyd gan y Natsïaid ar un diwrnod yn 1944. O ddarllen eu henwau ar y muriau uwchlaw'r beddau, deu-ai'n amlwg mai Llydawyr yn hytrach na Ffrancwyr oedden nhw bron yn ddieithriad.

Mae Port Loez ei hun yn ddiddorol oherwydd y gaer enfawr sy'n talsythu uwch y môr. Y Citadel, fel y'i gelwir, oedd storfa'r Compagnie des Indes cyn i'r cwmni symud ar draws y dŵr i An Orient. Yr holl sbeisys, y llestri porslen a'r dillad sidan a allforid o'r Dwyrain i'r rhan hon o Lydaw fu'n gyfrifol am yr enw Lorient.

Siomedig, felly, oedd f'ymweliad â Lorient. Teimlais braidd yn siomedig hefyd wrth ymweld â man yr oeddwn i wedi edrych ymlaen yn fawr iawn at ei weld, sef Karnag, neu Carnac.

Mae Llydaw yn enwog am ei meini, wrth gwrs, ond Karnag yw'r Meca os am weld meini. Wn i ddim pwy aeth ati i'w cyfrif, ond mae'n debyg fod yna 4,000 ohonynt o bob maint a ffurf yn yr ardal. Gant a hanner o flynyddoedd yn ôl, cyn i drigolion lleol eu chwalu a'u defnyddio ar gyfer codi adeiladau a waliau ffin, credir i'r nifer fod yn nes at 20,000.

Hwyrach fy mod i wedi disgwyl gormod ar ôl gweld meini Calanish ar ynys Lewis a Harris y flwyddyn cynt. Hwyrach hefyd mai'r ffaith nad oedd modd mynd at y meini oedd y rheswm am y siom gan iddyn nhw gael eu cau i mewn gan ffens hynod o hyll. Beth bynnag oedd y rheswm, siom gefais i ar f'ymweliad â'r meini a ddisgrifiwyd fel Jodrell Bank Megalithig.

Ond teimlwn fy mod mewn cwmni da. Rhyw led-gyfeirio at y meini a wnaeth O. M. Edwards ac Ambrose Bebb yn dilyn eu hymweliadau hwy. Ond hwyrach mai Dyfnallt wnaeth ei deall hi orau. 'Dylai'r ymwelydd,' meddai, 'fynd trwy'r golygfeydd hyn law yn llaw â hen offeiriad o'r cynfyd ar ôl rhoi deheulaw cymdeithas iddo i'r dirgeledigaethau'.

Ie, dirgelion Karnag. Ymlaen â ni at ddirgelion *Barzaz-Breiz*, sef casgliad o ganeuon a rhigymau traddodiadol Llydewig sy'n holl-bwysig i'r Llydawyr a'u hiaith.

Casglwr y caneuon hyn oedd Theodore de la Villemarqué, neu Kervarker, gŵr y neilltuodd Ambrose Bebb bennod gyfan i'w drafod. Roedd yn edmygydd mawr o Gymru a bu'n annerch o lwyfan Eisteddfod y Fenni yn 1839. Mynnai mai ef a gasglodd ganeuon *Barzaz-Breiz* a'u cofnodi oddi ar lafar gwlad, llawer ohonynt ar gof a chadw'i fam.

Ond fe fu cryn ddadlau am flynyddoedd ynglŷn â dilysrwydd y gyfrol. Teimlai llawer mai Kervarker ei hun oedd awdur y cyfan ac nad caneuon a cherddi wedi'u casglu ganddo ef a'i fam oeddynt o gwbwl ond, yn hytrach, ffrwyth ei ddychymyg.

Un a oedd wedi ymddiddori'n fawr yn y ddadl oedd Rita Williams ac roedd hi gyda ni pan aethom at lygad y ffynnon i'r plasty yn Kemperle a fu'n gartref i Kervarker. Yno i'n cyfarfod roedd Donatien Laurent, ysgolhaig a oedd wedi datrys yr holl ddirgelwch.

Fe gafodd ganiatâd disgynnydd i Kervarker i ymweld â'r plasty ac i ymchwilio yno. A'r hyn a ddarganfu'r ymchwilydd mewn cwpwrdd yn y wal oedd bwndel o lawysgrifau yn cynnwys caneuon a cherddi *Barzaz-Breiz*. Ond yn bwysicach na dim, fe lwyddodd i brofi fod y llawysgrifau yn gwbwl ddilys ac iddynt gael eu cofnodi gan law Kervarker ei hun a chan law ei fam.

Wna i fyth anghofio'r olwg ar wyneb Rita wrth iddi ddal y llawysgrifau hollbwysig yn ei dwylo. Edrychai fel petai hi'n dal y Greal Sanctaidd ei hun. Iddi hi, hwyrach eu bod nhw'n bwysicach.

A da yw dweud i Rita, yn ystod y misoedd diwethaf, dderbyn un o brif anrhydeddau Llydaw am ei rhan yn hyrwyddo iaith a diwylliant y wlad. Fe'i gwahoddwyd hi draw gan Skol Uhel ar Vro yn Roazhon i dderbyn y Coler Carlwm, anrhydedd a gyflwynwyd, yn y gorffennol, i bobol fel Alan Stivell a Glenmor.

O ddarllen amryw o lyfrau gwyliau ymlaen llaw, roeddwn wedi disgwyl gweld Llydawyr yn eu gwisgoedd traddodiadol ymhob tref a phentref, ac edrychwn ymlaen yn arbennig at weld penwisgoedd lês y menywod.

Rhith yw hyn oll bellach, a'r unig dro mae rhywun yn debyg o weld y gwisgoedd traddodiadol yw yn y gwahanol wyliau sy'n cael eu cynnal ledled Llydaw yn ystod misoedd yr haf. Fe fûm i'n ddigon lwcus i fod yn Pont-'N-Abad adeg yr ŵyl fwyaf ohonynt i gyd, sef y *Fête des Brodeuses*, lle'r oedd Llydawyr o bob rhan o'r wlad wedi ymgynnull i orymdeithio drwy'r dref yn eu gwisgoedd a'u penwisgoedd traddodiadol eu hunain.

Pont-'N-Abad yw prifddinas ardal Bigouden a phenwisgoedd tal yr ardal honno oedd fwyaf trawiadol yn yr orymdaith liwgar i gyfeiliant dwsin neu fwy o *bagadoù*, neu fandiau traddodiadol.

Mae i'r dre draddodiad hir o grefftau brodwaith a gwnïo gan i Joseph Astor sefydlu ysgol frodwaith yno ar gyfer merched lleol yn 1929.

Cyn belled ag yr oedd yr orymdaith yn y cwestiwn, sioe oedd hi, a dim byd arall – a hynny ar gyfer ymwelwyr yn bennaf. Ond mae'n hawdd i ni wawdio'r fath sbloet. Yn wahanol i ni mae'r Llydawyr yn gwybod sut i drefnu sioeau. Ac yn bwysicach fyth, sut i farchnata'u gorffennol heb golli eu hurddas. Yn hynny o beth mae ganddon ni, Gymry, lawer i'w ddysgu.

Y Berfeddwlad

Per Denez, yn ein gwesty yn Roazhon, dorrodd y newydd i ni fod Glenmor wedi marw. Ei frawddeg nesaf oedd, 'Rhaid i chi fod yno'.

Roeddwn i wedi clywed am Glenmor ac wedi gwrando ar rai o'i recordiau. Ond wyddwn i ddim tan ei farw ar Fehefin 18 pa mor bwysig oedd ei ddelwedd i wladgarwyr Llydewig: roedd llith coffa iddo yn y papurau Ffrengig yn ogystal, wrth gwrs, ag yn y cyhoeddiadau Llydewig.

Disgrifiwyd Glenmor fel *éveilleur de conscience*, sef rhywun a hybodd neu a gododd ymwybyddiaeth. Ac yn ôl un o'i gyfeillion, Hervé le Borgne, iddo ef yr oedd y diolch am nad oedd gan y Llydawyr bellach gywilydd o'u diwylliant.

Ac o sgwrsio â nifer o Lydawyr fe gododd y mater hwn o gywilydd a diffyg hunan-barch ei ben droeon. Fel pobol na fu o dan sawdl ddur y Natsïaid, mae'n anodd i ni Gymry ddirnad yr hyn y bu'n rhaid i'r Llydawyr ei ddioddef. Do, fe gafwyd cydweithredwyr â'r ffasgwyr ymhlith cenedlaetholwyr ac fe bardduwyd y Llydawyr oll o'r herwydd. Ond fe fu llawer o gydweithredwyr o blith y Ffrancod hefyd. Eto i gyd, ni phardduwyd Ffrainc drwy ei galw'n wlad o gydweithredwyr.

Ond does dim amheuaeth na wnaeth digwyddiadau adeg y rhyfel, ac yn fuan wedyn, niweidio *psyche*'r Llydawyr i'r byw. A Glenmor yn anad neb, drwy ei ganeuon a'i gerddi, a roddodd yn ôl i'w bobol y balchder o fod yn Llydawr unwaith eto. Fe wnaeth hynny nid trwy wenieithu a chymodi, ond trwy fabwysiadu agwedd ymosodol, gadarnhaol.

Roedd Glenmor wedi dioddef yn hir cyn i'r diwedd ddod. Roedd blynyddoedd o smygu ac yfed trwm wedi gadael eu hôl arno a gwyddai'r hyn a'i hwynebai. Cyhoeddodd ei ddymuniadau ar gyfer ei angladd rhag blaen. Er ei fod yn anffyddiwr, dymunodd gael gwasanaeth angladdol yn eglwys Mael-Karaez a'i gladdu ym mynwent y plwy. Roedd wedi mynegi yn un o'i gerddi fod gan bawb hawl i gael eu claddu yn yr un fro ag y cawsant eu geni. Ac ym Mael-Karaez y'i ganwyd, yn fab i werinwyr o rieni, ar Fehefin 25, 1931. Ei enw swyddogol oedd Milig ar Skanv, ond fel Glenmor y bardd-ganwr y câi ei adnabod gan bawb. Canai mewn Ffrangeg ac mewn Llydaweg a'i themâu oedd gwlad ac iaith. Canodd hefyd am serch a thranc, ac am fywyd, a chredai fod cân yn medru bod yn arf gwleidyddol.

Profiad rhyfeddol oedd bod yn bresennol yn ei angladd. Ddwy-awr cyn y gwasanaeth roedd yr eglwys yn orlawn a channoedd wedi ymgynnull y tu allan, yn hen ac ifanc, yn gyffredin ac ysgol-haig, rhai yn llawenhau am ei fywyd, eraill yn drist o'i golli. Cariai rhai faneri anferth Llydaw, y *gwenn ha du*, tra oedd eraill yn feich-iog o frigau banadl ac eithin gan barchu ei ddymuniad mai'r unig flodau a fynnai eu cael yn ei angladd oedd blodau'r mynydd.

A hefyd yn ôl ei ddymuniad fe'i claddwyd, mae'n debyg, nid mewn amdo wen ond mewn pâr o jîns a chrys tsiec.

Fe barhaodd y gwasanaeth angladdol yn yr eglwys am ymron ddwyawr, a phrofiad rhyfedd oedd medru deall llawer o'r darlleniadau o'r ysgrythur a wnaed yn y Llydaweg.

Erbyn i'r arch gael ei chludo tua'r fynwent y tu ôl i fagad ifanc Kemperle, roedd y dorf wedi chwyddo i bedair mil. Yn dilyn y tu ôl i'r arch roedd y tair gwraig bwysicaf yn ei fywyd, sef ei fam, ei gyn-wraig a'i gariad.

Yn y fynwent roedd yr awyr yn llawn o faneri du a gwyn yn ogystal ag un faner fach liwgar, unig o Wlad y Basg. Ac yna'r foment fwyaf teimladol o'r cyfan gyda'r dorf yn ymuno i ganu anthem Llydaw ar alaw 'Hen Wlad fy Nhadau'.

Ymhlith y galarwyr roedd Twm Morys, a phan soniodd rhywun

Llu o faneri Llydewig yn angladd Glenmor.

wrtho fod yr angladd yn ddigwyddiad bythgofiadawy, ei ateb syml oedd, 'Angladd mawr cenedlaethol fel hwn neu angladd bychan – maen nhw i gyd yn hoelen arall yn arch Llydaw'.

A dyna wir dristwch pethe.

Ond mae ysbryd Glenmor, ac ysbryd newydd Llydaw, yn fyw. Yn fwy byw, diolch i Glenmor.

I ni, griw bychan o Gymry, roedd arwyddocâd arbennig, wrth gwrs, i'r anthem genedlaethol ar lan y bedd. Ac nid ar ddamwain yr addaswyd 'Hen Wlad fy Nhadau' fel anthem Llydaw. Awdur y geiriau oedd Taldir, un oedd â chysylltiadau agos iawn â Chymru. Ond nid ei gynnig ef oedd y cynnig cyntaf. Un o'r cenhadon Anghydffurfiol, William Jenkins Jones, gyflwynodd y fersiwn cyntaf, ond fe'i gwrthodwyd am ei bod yn rhy ddirwestol.

Mae'n werth sôn am ddigwyddiad bach cyn i wasanaeth angladdol Glenmor gychwyn. Dyma Bethan Evans yn mynd draw at un oedd yn amlwg â chryn ddylanwad ar y gweithgareddau gan ofyn a fyddai'n iawn i ni ffilmio.

'O ble rych chi'n dod?' gofynnodd.

'O Gymru,' atebodd Bethan.

'Iawn,' medde'r dyn, gan ymlacio. 'Petaech chi'n dod o Loegr, 'chaech chi ddim caniatâd.'

Ac roedd y cysylltiad Cymreig i'w ganfod dro ar ôl tro. Fe'i gwelsom ar ei orau ar dyddyn bach hyfryd draw yn Langonned wrth gyfarfod â Yann-Erwan Plourin. Roedd Yann-Erwan yn un arall o'r bobol hynny oedd wedi dysgu Cymraeg am yr unig reswm ei fod e'n teimlo awydd gwneud hynny. Doedd ganddo ddim cymhellion gyrfaol nac ariannol, dim ond awydd i ddysgu iaith Geltaidd arall, a honno'n iaith oedd yn mwynhau llawer mwy o freintiau na'r Llydaweg.

Fe fu Yann-Erwan yn *assistant* yn ardal Merthyr Tydfil 'nôl yn y '60au a dyna sut y dysgodd Gymraeg. Ond y rhyfeddod oedd ei fod yn dal yn gwbwl rugl wedi'r holl flynyddoedd er gwaetha'r ffaith nad oedd ganddo fawr o gyfle i ymarfer ei Gymraeg.

Treuliais fore difyr iawn ar dyddyn Yann-Erwan. Dim rhyfedd, o ystyried amrywiaeth ei ddiddordebau. Roedd enghreifftiau o'i grefft fel saer coed i'w gweld yn y tŷ. Bu'n arddangos ei ddawn hefyd fel dyn ceffylau, yn arbennig y grefft o hyfforddi ceffylau yn y gamp *dressage*, rhywbeth sy'n gofyn am gryn amynedd. Ar ben ei waith ar y tyddyn mae'n ddarlithydd, ac yn goron ar y cyfan mae'n ddiguro am wneud crempogau.

Roeddwn i wedi bwyta crempogau Llydewig, sef *crêpes,* o'r blaen. Ond wrth draed y meistr ei hun fe gefais wersi ymarferol. Digon yw dweud iddyn nhw fod yn fethiant llwyr.

Ond fu'r gwersi ddim yn gwbwl ofer chwaith. Yn y prynhawn dyma fynd gyda Yann-Erwan a'i wraig Mireille i ŵyl grempogau Gourin lle'r oedd cystadleuaeth i rai oedd heb wneud crempogau o'r blaen. A rhaid fu cystadlu. Wnes i dorri'r rheolau? Wel, mater o farn fyddai hynny. Oeddwn, roeddwn i wedi rhoi cynnig ar wneud crempogau yng nghartre Yann-Erwan. Ond doeddwn i ddim wedi gwneud crempogau. Wel, ddim rhai go iawn, beth bynnag. Felly dyma gystadlu a llwyddo'n rhyfeddol, gymaint felly fel i mi dderbyn cymeradwyaeth gan y gynulleidfa.

O grwydro Llydaw mae'n amhosib i rywun beidio â chael ei ddenu i grwydro o gwmpas y gwahanol eglwysi. Ac un nodwedd arbennig am rai ohonynt yw gwychder eu calfarïau. Yn syml, cofnod o hanes bywyd a marwolaeth Crist yw'r calfarïau, stori wedi'i cherfio mewn cerrig neu, i fod yn fwy cywir, cymeriadau mewn drama wedi'u parlysu mewn meini.

Pwrpas y calfarïau oedd dysgu'r stori i'r tlodion oedd yn methu fforddio prynu Beiblau, ac i'r anllythrennog oedd yn methu darllen. Fe ddisgrifiwyd y calfaria gan Emile Male fel 'Beibl y Tlodion'.

Cydnabyddir mai yn Guimiliau y ceir yr enghraifft orau yn Llydaw gyfan, gwaith a gwblhawyd yn 1588. Ymhlith y dwsinau o ffigurau a geir yno mae un o Mary, Brenhines yr Albanwyr.

Y calfaria y bûm i'n ei weld yn arbennig, ac un sy'n ail da i Guimiliau, yn ôl y sôn, oedd hwnnw yn Sant Thegonneg. Saif yn union o flaen prif borth yr eglwys. Y bore y bûm i yno roedd haul tanbaid Gorffennaf yn tywynnu'n llachar o'r tu ôl i'r cerflunwaith gan greu rhyw awyrgylch arallfydol wrth oleuo'r gwahanol ffig-urau.

I ddilyn y stori rhaid cerdded o gwmpas y calfaria a chychwyn o'r gwaelod i fyny. Mae hwn yn fwy diweddar nag un Guimiliau, yn dyddio o'r 17eg ganrif pan oedd Dadeni Llydaw yn ei anterth ac ymhlith y cymeriadau gwenithfaen ceir delw o'r Brenin Henri IV, a ddarlunnir fel un o boenydwyr Crist.

Un ymwelydd a ffolodd ar yr olygfa oedd Dyfnallt. Yn ei gyfrol **O Ben Tir Llydaw** disgrifia'r eglwys fel un o'r rhai hynotaf yn Llydaw. Roedd yr holl adeiladwaith, yr eglwys, yr esgyrndy, y bwa arch a'r calfaria yn orchestol, meddai.

Ond y calfaria oedd yn goron ar bopeth. 'Ni wnaethpwyd dim mewn maen yn fwy realistig, ac yn hyn o beth y gwelir gwau stori merch ddrwg y gymdogaeth i mewn i ddigwyddiadau ym mywyd yr Iesu.'

Y ferch ddrwg yn yr achos hwn yw Mair Ffolet ac fe'i gwelir yn gwingo yng ngafael diafoliaid. Mae'n debyg fod bygwth plant yr ardal, pan fyddont yn ddrygionus, â thynged fel un Mair Ffolet wedi bod yn ddigon i'w tawelu ar hyd y canrifoedd.

Mae Dyfnallt yn cyfeirio at galfaria Guimiliau hefyd ac roedd hi'n draddodiad, meddai, i ddau blwyf gystadlu â'i gilydd am wych-der y calfarïau.

Ac yn wir, yn **Pererindodau** ceir Ambrose Bebb yn cadarnhau'r gystadleuaeth bensaerniöl rhwng y ddau blwyf cyfagos. Disgrifia fel y cododd Guimiliau ei galfaria a Sant Thegonneg ei Borth Buddugoliaeth yn yr un flwyddyn, 1581. Yna dyma Guimiliau yn dilyn drwy godi ei borth ei hun. Tro Sant Thegonneg oedd hi nesa pan godwyd y calfaria ddim ond i Guimiliau ymateb drwy gomis-iynu'r cerfwyr coed gorau i greu addurniadau o fewn yr eglwys. Wedyn dyma Sant Thegonneg yn mynd ati i ychwanegu pulpud gyda'r harddaf a'r drutaf yn Llydaw. Ar ôl hynny daethpwyd i ryw fath o gadoediad.

Rhan o ramant Llydaw i mi, cyn i mi erioed fod yno, oedd y ddelwedd a greodd Meic Stevens yn rhai o'i ganeuon fel **Rue St**

Michel a **Douarnenez**. Ond y gân Lydewig fwyaf eneidiol i mi oedd **Erwan**:

> 'Erwan, ble'r wyt ti? Wedi croesi'r afon.
> Yn nhafarn Tir na n-Og rwyt ti'n yfed nawr.
> Erwan, Kenavo, hen ffrind o Lydaw
> Yng ngwlad y llwybrau tywyll
> 'Sdim golau'r wawr.'

Ac roedd Erwan yn hen ffrind o Lydaw i Meic ac i Gymru. Fe fu'n gweithio fel *assistant* yn Ysgol Rhydfelen a byddai'n un o griw o Lydawyr a arferai gyfarfod yn rheolaidd yng nghlwb Barbarellas yng Nghaerdydd.

Yn genedlaetholwr brwd, ef oedd yr ail athro Diwan yn hanes mudiad ysgolion meithrin Llydaw. Fe ddioddefodd yn arw o ganlyniad i ddamwain car, ond wrth iddo wella, ac yntau'n cerdded yng ngardd yr ysbyty, dioddefodd o *embolism* a bu farw.

Roedd cân Erwan wedi bod yn chwarae yn fy meddwl droeon yn ystod y daith ond wnes i ddim meddwl y cawn i'r cyfle i gyfarfod â'i chwaer yn ystod fy nghrwydriadau. Ond dyna ddigwyddodd.

Byw ar dyddyn bychan yn Plufur mae Riwanon Kervella gyda'i phriod, Yann, sy'n hen ffrind i Dic Jones. Mae'r tŷ ei hun, fel y disgrifiodd Bethan Evans ef, yn 'fwthyn tylwyth teg'. Ac roedd llond tŷ o groeso yn ein disgwyl gyda'r bwrdd yn llawn crempogau a seidir cartref.

Braf oedd cael crwydro'r tir yng nghwmni Riwanon a gweld 200 o ddefaid tewion a'r ddau geffyl gwedd. Ac mae Riwanon a Yann yn byw bywyd syml: gwerthu dafad yn achlysurol i'r cigydd lleol, a bragu eu seidir cartref gan gadw hanner y cynnyrch ar eu cyfer eu hunain.

Fel Erwan, ei brawd, mynd yn *assistante* i Gymru wnaeth Riwanon a dysgu Cymraeg yno. Ac mae hi'n gweithio'n ddygn dros y Llydaweg drwy fod yn drefnydd cyrsiau dysgu'r iaith drwy'r post. Ac erbyn hyn mae hi'n danfon cyrsiau i ddysgwyr ledled y byd.

Yng nghwmni Riwanon a Yann fe gawsom fynd ar ymweliad â fferm oedd yn arbenigo mewn bridio ceffylau gwedd Llydewig, y *Trait Breton* a fu bron iawn â darfod fel brid. Erbyn hyn mae'r Llywodraeth yn darparu cymhorthdal i fridwyr er mwyn cadw'r brid cynhenid yma'n fyw.

Ac ar y fferm honno y gwelais i'r ffordd fwyaf dyfeisgar erioed o sicrhau fod ceffyl sioe yn cadw'i gynffon ar i fyny, sef gwthio dyrnaid o bupur i fyny'i ben-ôl! Mae rhywbeth newydd i'w ddysgu bob dydd!

'Nôl ar ddiwedd y '50au fe fedra i gofio cyfarfod â gŵr diddorol iawn a oedd eisoes wedi ffoli ar Lydaw. Ei enw oedd Humphrey Lloyd Humphreys, yn wreiddiol o Lannau Mersi, ac yn fyfyriwr yn Aberystwyth. I ni, ei ffrindiau, fel Wmffra y cyfarchem y Llydawgarwr hwn, a hyfryd oedd cael cyfarfod ag ef yn ei gartre Llydewig ynghanol y wlad yn Koatilouarn.

O blith y rhai o Gymru sy'n ymddiddori yn Llydaw, wn i ddim an unrhyw un sy'n fwy cyflawn nag Wmffra. Bellach mae'n rhannu ei fywyd rhwng byw yn Nhregaron fel darlithydd yn Llambed a byw ym mherfeddwlad Llydaw. A phan fydd yn ymddeol cyn bo hir mae gen i syniad go dda ym mha wlad y bydd yn ymgartrefu.

Daw'n amlwg yn fuan nad rhamant yw sail cariad Wmffra at Lydaw. Mae ei gysylltiad â'r wlad yn mynd yn ôl i 1956. Mae'n briod â Llydawes ac mae ei fab, Iwan, yn rhugl yn yr iaith. Fu yna erioed neb â'i draed yn fwy solet ar y ddaear nag Wmffra, ac er ei fod yn byw mewn ardal lle mae'r iaith ar ei chryfaf nid yw'n twyllo'i hun ynglŷn â'i dyfodol.

Cymysgedd o bleser ac o addysg fu'r profiad o gael fy nghludo gan Wmffra yn ei gar ar hyd ffyrdd bach y wlad. Ei glywed yn sgwrsio am brisiau'r farchnad lloi bach yn Callac, yn dal pen rheswm â'r stondinwyr yn y farchnad awyr agored o flaen yr eglwys, yn gwrando arno'n trafod tafodieithoedd ac yn ymweld gydag ef ag eglwys y fan hyn a fferm y fan acw.

Ac roedd angen rhywun fel Wmffra i gadw 'nhraed innau ar y ddaear. Teimlwn erbyn hyn fy mod i'n gryn arbenigwr ar enwau Llydewig. Medrwn ddyfalu, a hynny'n gywir, mai Tŷ Newydd oedd Ty Nevez, mai Tŷ Cornel oedd Ty Korn ac mai Tŷ Hen oedd Ty Coz.

Felly, wrth weld arwydd Ty Creiz dyma gyhoeddi'n ddeallus mai'r ystyr oedd Tŷ Crydd. Ond na, dydi pethe ddim mor syml. Ystyr Ty Creiz, medde Wmffra, oedd Tŷ Craidd. Hynny yw, Tŷ Canol. A dyna fy rhoi i yn fy lle.

Wmffra a'n harweiniodd fel criw i un o'r digwyddiadau mwyaf diddorol i ni eu mynychu ar y daith. Roedden ni eisoes wedi bod mewn *fest noz* gyda miloedd yn bresennol yno. Ond fe aeth Wmffra â ni i *fest noz* lawer mwy traddodiadol mewn tafarn ym mherfeddion cefn gwlad a gedwid gan ddwy chwaer, tafarn llawr pridd ddi-doiled a di-dap. Synnwn i ddim nad oedd tafarn yr Hirondelles, yn ogystal, yn ddi-stop-tap.

Allan o flaen y dafarn cyn iddi nosi, ac yn y dafarn wedi machlud, fe gawsom ganu a dawnsio traddodiadol. Un o'r cantorion oedd Annie Ebrel, a ddysgodd Gymraeg tra oedd yn gweithio am gyfnod yn Aberystwyth ac sydd bellach yn gantores broffesiynol. Ac ymhlith yr offerynwyr roedd gŵr o'r enw Jean-Claude Le Lay a oedd yn chwarae 'bôn cabetshen', sef ei enw ef ar y clarinet.

Problem fawr tafarn yng Nghymru pan fo yno noson fawr yw cael mynd i mewn. Ar noson y *fest noz* yn yr Hirondelles y broblem fawr oedd cael mynd allan!

O Ploveilh i Kemper

Os mai *fest noz* fechan, leol a gafwyd yn nhafarn yr Hirondelles, roedd hi'n stori gwbwl wahanol yn Ploveilh, neu Plomelin.

Ddeuddeng mlynedd yn ôl fe efeilliwyd Ploveilh â Chrymych ac fe ddaeth llond bws o'r criw o Sir Benfro draw i ddathliadau degfed pen blwydd distylldy Pont Menhir, menter a gychwynnwyd gan hen ffrind i griw Crymych, Guy Le Lay.

Dydi degfed pen blwydd unrhyw sefydliad ddim yn ymddangos yn rhyw garreg filltir mor bwysig â hynny. Ond i Guy roedd degfed pen blwydd ei drwydded i gynhyrchu gwirodydd a gwin yn rheswm – ac yn esgus – da dros ddathlu.

Roedd prif gynnyrch distylldy Pont Menhir, neu Bont y Maen Hir, yn seiliedig ar seidir. Ac o drin y seidir crai, amrwd, roedd y distylldy oedd yn cyflogi dwsin o weithwyr – y cyfan yn siarad Llydaweg – yn cynnig dewis eang o ddiodydd, o sudd afal di-alcohol i *lambig*, o win bwrdd i *port*.

Diddorol oedd sylwi ar enwau'r gwahanol ddiodydd, y cyfan mewn Llydaweg – Gwin Aval, Pont Menhir a Gwechall, yr olaf yn golygu 'y cynfyd', neu 'yr hen amser gynt'.

'Ddeng mlynedd yn ôl fyddwn i ddim wedi breuddwydio rhoi enwau Llydaweg ar fy nghynnyrch,' meddai Guy. 'Ond mae mwy a mwy o bobol yn derbyn yr iaith fel rhywbeth naturiol erbyn hyn.'

Roedd hi'n ddiwrnod agored yn y distylldy a baner Cymru'n cyhwfan ochr yn ochr â'r *gwenn ha du*. A chymaint yw'r cyfeillgarwch rhwng Ploveilh a Chrymych bellach fel bod sgwâr a chylchfan yn y dre wedi'i henwi yn Sgwâr Crymych.

Gyda'r nos fe gynhaliwyd *fest noz* anferth tua dau led cae o'r distylldy gyda miloedd o bobol yn bresennol. Ac o ben ucha'r maes golygfa ryfedd oedd gweld cannoedd ohonynt yn symud yn araf ac yn bwyllog mewn dawns na welswn ei thebyg erioed o'r blaen. Ymddangosai'r cyfan fel anhrefn llwyr, ond o wylio'n fanwl roedd patrwm pendant y tu ôl i'r holl symud.

Fe gafwyd band o Grymych ymhlith yr artistiaid, band roedd Tecwyn Ifan wedi'i ffurfio'n arbennig ar gyfer y daith. Ond Meic Stevens, unwaith eto, oedd yn mynnu dod i'r meddwl wrth i mi gyrraedd Douarnenez. Roeddwn i wedi clywed cymaint am y lle ac roedd geiriau cân Meic wedi creu cymaint o frwdfrydedd ynof i weld y dre fel i mi edrych ymlaen yn eiddgar at yr ymweliad. Ond siom fawr gafwyd. Ar y diwrnod yr euthum yno roedd hi'n benllanw gŵyl llongau hwyliau anferth ac roedd hi'n amhosib gwerthfawrogi'r lle.

Ond o edrych allan i'r bae, roedd modd gwerthfawrogi geiriau O. M. Edwards wrth iddo yntau syllu ar yr union olygfa:

'Yr oeddym wedi clywed nad ydyw Bau Douarnenez yn ail ond i Fau Naples yn unig mewn prydferthwch. Nid ydyw awyr Llydaw mor glir ag awyr yr Eidal, na'r lliwiau mor dyner a gogoneddus, ond y mae Bau Douarnenez yn hyfrydwch i bob llygad a'i gwêl.'

Ac am unwaith rhaid oedd cytuno ag O.M.

I rywun fel fi sy'n byw ger Bae Aberteifi, diddorol tu hwnt oedd clywed am chwedl sy'n cysylltu Douarnenez ac Aberdyfi. Fel Cantre'r Gwaelod, roedd gwlad ffrwythlon unwaith lle mae Bae Douarnenez heddiw, yn ôl y chwedl. Enw'r wlad oedd Caer Ys ac yn y bumed ganrif teyrnasai'r Brenin Gradlon drosti.

Gradlon, fel Seithennyn, oedd ceidwad allweddau'r drysau mawr a gadwai'r môr allan. Ond roedd Sant Gwenole wedi rhybuddio Gradlon rhag gor-wledda gan y gallasai'r canlyniadau fod yn ddifrifol.

Roedd gan Gradlon elyn, sef y diafol, a lwyddodd i swyno Dahut, neu Ahez, merch y brenin. Ar ôl i'w thad loddesta'n drwm cymerodd yr allweddi oddi arno a'u rhoi i'r diafol. Fe agorodd hwnnw ddrysau'r môr a boddwyd Caer Ys. Llwyddwyd i gyfrwyo march ar gyfer Gradlon a neidiodd Dahut y tu ôl i'w thad ar gefn y march. Ond, a'r march ar fin cael ei oddiweddyd gan y tonnau, gorchmynnodd Gwenole i Gradlon daflu ei ferch i'r môr. Gwnaeth hynny, a thawelodd y dyfroedd – ond yn rhy hwyr i achub Dahut na Chaer Ys. Ac fel yn hanes Cantre'r Gwaelod dywed y chwedl fod modd clywed clychau Caer Ys ar noson dawel yn canu dan y dŵr. Dywed rhai mai ystyr Douarnenez yw Douar Nevez, neu Daear Newydd, y dref a godwyd i gymryd lle Caer Ys.

Fe garwn fynd yn ôl i Douarnenez rywbryd pan na fydd hi'n ddydd gŵyl, er mwyn cael gweld y dre'n iawn, fel y gwelodd Meic hi:

'Glas a gwyn a gwyrdd yw'r môr
a'r tir a'r haul yn Douarnenez,
yn yr harbwr, pysgod, stŵr
ar lan y dŵr yn Douarnenez.'

Os oedd Bae Douarnenez yn apelio at O. M. Edwards, doedd Penmarc'h yn apelio fawr ddim at Ambrose Bebb – nac ataf innau chwaith. I Bebb, roedd y wlad o gwmpas a'r bobol yn ymddangos mor anghynnes drist â'i gilydd:

'Tristach hyd yn oed na'r wlad ydyw gwedd a hanes Penmarc'h. Heddiw nid ydyw ond pentwr blêr o dai llwydaidd a di-raen, heb ddim ond ei heglwys yn atgof o'i llewyrch a'i ffyniant yn niwedd yr Oesoedd Canol. Yr adeg honno, nid oedd na thref na phorth-ladd yn holl Lydaw mor brysur â hi. Heddiw nid oes nemor un mor adfeiliedig.'

Saif Penmarc'h ar draeth creigiog. Fe ddisgrifiwyd y lle yn ber-ffaith gan Dyfnallt:

'Math ar ên yn hytrach na thrwyn i'r Penrhyn yw Penmarc'h, ond yr ên yn fwy o greigiau, safn a dannedd na dim.'

Un traddodiad sy'n dal yn fyw ym Mhenmarc'h yw'r arferiad o wneud lês. Roedd tua hanner dwsin o stondinau gerllaw'r traeth lle'r oedd menywod yn dal i ymarfer y grefft. A'r hyn a ddaeth i'r meddwl oedd englyn godidog Gerallt Lloyd Owen:

Yn bendrwm yn ei chwman – ym min môr
    Ym Mhenmarc'h hen wreigan
Mor hen â'r môr ei hunan
A werthai les wrth y lan.

Ond gair o rybudd i unrhyw un sydd am ymweld â Phenmarc'h. Os yw'ch pengliniau chi'n wan, fel fy rhai i, peidiwch â meiddio dringo i ben y goleudy anferth sy'n talsythu uwchlaw'r traeth. Fe alla i eich sicrhau fod iddo dros dri chant o risiau – er i mi golli cownt ar ôl tua cant.

Roedd gen i fantais ar weddill y criw. Roedd Nigel Denman yn gorfod cario'i gamera, Geoff Lloyd yn cario'i offer sain, Ioan Roberts a Bethan Evans yn rhannu pwysau'r treipod a Sioned Mair Roberts, y cynorthwy-ydd cynhyrchu, yn cario dau fag ac yn sefyll yn glòs y tu ôl i mi rhag i mi ddisgyn. Doeddwn i'n cario dim, ar wahân i ddeuddeg stôn o'm pwysau fy hunan.

Erbyn i mi gyrraedd y top roedd fy mhengliniau i'n crynu fel jeli a fedrwn i ddim sefyll ar fy nhraed. Ac nid cynt roeddwn i fyny ac adrodd un linc i'r camera nad oedd hi'n amser i mi ddechrau ar fy ffordd i lawr. Felly, os byth yr ewch chi i Benmarc'h, peidiwch â chael eich temtio i ddringo'r goleudy!

Roedd ganddon ni yng Nghymru ein Welsh Not. Roedd gan blant Llydaw eu *le symbole*. Gallai'r symbol fod yn ddarn o bren, yn gylch i'w wisgo ar gortyn o gwmpas y gwddw neu'n glocsen wedi'i chracio'n fwriadol gyda gwellt yn wadn iddi er mwyn achosi cymaint o boen â phosib.

Yn hen ysgol Tregarvan, sydd bellach yn amgueddfa, y gwelais i'r symbolau dieflig hyn. Yno mewn un ystafell ddosbarth mae amser wedi'i rewi yn y flwyddyn 1921. Does 'na'r un gair o Lydaweg i'w ganfod yno ar y bwrdd du nac yn unlle arall. Ac felly y bu polisi'r ysgol nes iddi gau yn 1974.

Ond yn wahanol i'r ysgol, mae gan yr amgueddfa bolisi dwy-ieithog, un o'r ychydig rai i fabwysiadu'r drefn honno.

Fe ellid disgrifio'r arddangosfa o symbolau fel amgueddfa'r cywilydd. Ac fel yr esboniodd Fran May, merch fyrlymus o Hwl-ffordd sy'n siarad Cymraeg, Llydaweg a Gaeleg yr Alban, mae llawer o'r cywilydd yn parhau.

'Fe fedra i gofio bod allan gyda chriw o blant un diwrnod a phawb ohonon ni'n siarad Llydaweg,' meddai Fran. 'A dyma hen wraig yn dod ata i a dechre fy nwrdio i am siarad Llydaweg â'r plant. Ei rheswm hi dros wneud hynny oedd ofn y byddai'r plant yn gorfod dioddef fel y bu'n rhaid iddi hi ddioddef pan oedd yn ferch fach am siarad yr iaith.'

Ond, diolch byth, mae hyder newydd yn yr iaith i'w ganfod bellach, ac mae Fran mewn sefyllfa berffaith i sylweddoli hynny gan ei bod hi'n athrawes Diwan yn Ysgol Roparz Hemon ger Brest, a enwyd ar ôl y cenedlaetholwr a'r ysgolhaig.

Pan sefydlwyd y dosbarth Diwan cyntaf yn 1972, doedd ond wyth disgybl. Erbyn hyn, a'r mudiad wedi datblygu i ddysgu plant o bob oed, roedd 1,700 o ddisgyblion yn derbyn addysg Lydaweg.

A'r syndod mwyaf oedd clywed rhai o'r disgyblion yn ein croes-awu gyda 'Shwmai'. Y rheswm dros hynny oedd fod Fran yn dysgu Cymraeg iddynt. Mae llawer o'r plant bellach yn medru canu caneuon gwerin Cymraeg yn rhugl.

Gerllaw Brest hefyd, ar fferm fefus yn Plougastel yng nghwmni Carys Lewis, neu Carys Le Disez ar ôl priodi, sy'n hanu o'r Borth, Ceredigion, y clywais i oedolion yn siarad Llydaweg yn gwbwl naturiol â'i gilydd. Bu Carys, sy'n awdures ac yn gyfieithydd, yn byw yn Ffrainc ers yr '80au.

Carys a'n cyflwynodd i deulu fferm Kerzadiou, neu Gaer fy Nhadau, gyda'r mab yn cynrychioli'r drydedd genhedlaeth i ffermio mefus ar y tir ers 1910.

Esboniodd Carys fod ardal Plougastel ar un adeg yn cyflenwi chwarter mefus Ffrainc yn gyfan. Yn Kerzadiou, lle'r oedd y fam, Sian, wedi bod yn tyfu a chynaeafu mefus am 56 blynedd gan gychwyn pan oedd hi'n ferch bedair ar ddeg oed, roedd y teulu'n codi tri chnwd y flwyddyn a'u gwerthu i fudiad cydweithredol lleol.

Rhyfedd oedd clywed Sian a chymydog iddi yn sgwrsio'n ffri mewn Llydaweg wrth gasglu'r mefus. Rhyfeddach fyth oedd y ffaith i mi fedru deall ryw gymaint o'u sgwrs. Ac fe gawsom, fel criw, wahoddiad i helpu'n hunain i'r ffrwyth melys, meddal.

I ymwelwyr llenyddol fel O. M. Edwards, Ambrose Bebb a Dyfnallt, roedd mynwentydd yn llecynnau poblogaidd i bori ynddynt. Ac mewn mynwent ym mhentre Lokrist ger Konk Leon, neu Le Conquet, mae carreg fedd ac arni arysgrif Gymraeg.

Carreg fedd Ar Gonideg yw hi, cymeriad trist iawn oedd â chysylltiadau agos â Chymru ac a gyfieithodd y Beibl i'r Llydaweg ddim ond i'r Catholigion ei wrthod.

Fe'n gwahoddwyd ni, ynghyd â Rita Williams, gan y Cyngor lleol i'r fynwent yn dilyn eu hymdrechion i ailbeintio'r llythrennau ar y garreg.

Mae'r arysgrif ar ffurf cerdd fuddugol gan John Jenkins, a enillodd iddo ddeg gini yn Eisteddfod y Cymreigyddion yn 1848.

'Ar Gonideg, dyn da/Ei enw sydd yma/Yn arwydd o wir vawl/ A'r cariad tynera',/Ar bawl-vaen a savwyd/ Gan vrodyr Brythoniaid/Prydain Vechan. Gyda/Frydain Vawr, Gomeriaid,/Am y carai ei vro/A'i iaith Vrythoneg/I bu'n gwnaeth Eir-lyvr/Ac hefyd Rammadeg/Ac am droi y cyntav/Yr holl Veibl Santaidd/Gwaith mawr da a nevolaidd.'

Ar ddiwedd ein hymweliad fe ymunodd aelodau'r Cyngor gyda Rita i ganu anthem genedlaethol Llydaw ger y maen.

Fe aethom yn ein blaenau yng nghwmni Rita i Landevenneg i weld Abaty Sant Gwenole, a oedd yn ganolog i chwedl boddi Teyrnas Ys. Adeiladwyd yr hen abaty gwreiddiol tua 485 ac roedd Rita yn un o ddim ond chwe pherson o Brydain i gael gwahoddiad i fynd yno i ddathlu 1,500 mlwyddiant y fynachlog. Mae cryn gloddio yn digwydd ar y safle ar hyn o bryd.

Ymhellach i fyny'r bryn mewn llecyn rhwng y mynydd a'r môr

saif yr abaty presennol a godwyd yn 1958. Ddwy flynedd yn ddi-weddarach fe agorwyd llyfrgell sy'n ganolfan bwysig iawn.

'Does gan Lydaw ddim Llyfrgell Genedlaethol, felly yma – ac yn Aberystwyth, Kemper a Roazhon – y bydd pobol yn gadael eu papurau, eu dogfennau a'u llyfrau,' meddai Rita. 'Ar hyn o bryd mae hen lawysgrifau, yn cynnwys rhai mewn Hen Lydaweg a luniwyd yn Landevenneg, ar wasgar yn Rhydychen, Paris a mannau eraill.'

Mae cysylltiadau cryf rhwng y fynachlog a Chymru.

'Alltudiwyd lleianod a mynachod ar ddechrau'r ganrif,' meddai Rita. 'Dyna pam y daeth lleianod i Aberystwyth a sefydlu cwfaint yno. Cafodd mynachod Kerbenead o urdd Sant Benead loches yn nhŷ yr Arglwydd Ashburnham ger Llanelli am gyfnod. Yna fe aethant i Abaty'r Glyn yn ymyl Trimsaran lle cawson nhw groeso gan y trigolion lleol.

'Ond croeso go wahanol gafwyd yn Neuadd Wilym, Dyffryn Teifi. Cafwyd hanesion rhyfedd am y driniaeth gawson nhw gan Anghydffurfwyr Aberteifi. Oddi yno fe aethant i gyffiniau Cas-newydd cyn dychwelyd i Kerbenead ac yna i Lydaw.'

Cysylltiad diddorol arall â Chymru yw fod emyn Sant Gwenole yn cael ei ganu gan y mynachod ar y dôn 'Mae d'eisiau di bob awr'. Mae côr y fynachlog hefyd wedi recordio 'Llef', ymhlith tonau eraill.

Roedd Rita wedi fy rhybuddio i beidio â chael sioc o gyfarfod â llyfrgellydd y fynachlog, y Tad Marc. Y rheswm oedd, meddai, ei fod e'r un ffunud â Gwenallt. Ac roedd Rita'n iawn. Welais i erioed neb tebycach i Gwenallt yn fy myw.

Ar ddiwedd ein hymweliad fe aeth y Tad Marc â ni i'r ffreutur lle'r ymunodd â ni uwch tair poteliad o seidir. Gwaraidd iawn.

Fe ddaeth y cymal arbennig hwn o'r daith i ben yn Kemper. A rhaid cytuno ag Ambrose Bebb pan ddywedodd, 'Kemper. yw'r dref orau gennyf i yn Llydaw oll'.

Yr un ystyr sydd i'r gair 'Kemper' a'r gair Cymraeg 'Cymer', fel yr esbonia Bebb. Yr ystyr yw man cyfarfod dwy afon ac yn Kemper y gwna afon Steir lifo i mewn i afon Odet.

Eglwys drawiadol Kemper.

Y berl yng nghoron Kemper yw'r eglwys gadeiriol a gysegrwyd i Sant Corentin, un o saith o seintiau'r Tro Breizh. Ei phrif ogoniannau yw'r ddau dŵr sydd, meddai Bebb, 'yn crynu'n feddwol yn anterth y wybren'.

Fe wnaeth hyd yn oed O. M. Edwards ffoli ar yr eglwys. 'O bell, y mae fel pe ar edyn, oherwydd amlder ei hategion, fel draig a dau gorn hir yn ymbaratoi i esgyn oddi ar y ddaear.'

Uwchben y porth mae delw o'r Brenin Gradlon ar gefn ei geffyl ac yn ôl y chwedl, pe digwyddai i Ddinas Ys ailgodi o'r môr, yna byddai Kemper yn boddi.

Yng Nghemper cefais gwmni Padrig an Habask sydd â'i Gymraeg yn fwy rhugl na llawer o Gymry Cymraeg. Ef a ddangosodd i mi'r ddelw o'r Sant Bach Du – An Santig Du – yn un o gorneli'r eglwys. Yn ei wisg ddu, syml ac yn droednoeth fe weinyddai'r Sant Bach ar gleifion pan drawyd y ddinas gan y pla, a bydd ymwelwyr â'r eglwys yn gadael bara iddo ar fwrdd o dan ei ddelw. Mae'r Sant Bach Du, mae'n debyg, yn ateb gweddïau pobol fydd yn gofyn am fendithion syml fel tywydd braf ac ati.

Bûm yng nghwmni Padrig hefyd yn ffatri gwneud llestri *Faiancerie Henriot*, hen gwmni sy'n parhau traddodiad sy'n mynd yn ôl ganrifoedd yng Nghemper.

Wrth siarad am addysg yn Llydaw, fe wnaeth Padrig fy syfrdanu i wrth iddo gwyno am nad yw plant Llydaw yn cael dysgu digon o Gymraeg. O na fyddai rhai o aelodau'r mudiad Education First yno'n gwrando!

Lle diddorol arall i alw heibio iddo yw siop Geltaidd Gweltaz sydd yng nghysgod yr eglwys gadeiriol. Yno, cwrddais â gŵr rhyfeddol arall, perchennog y siop, Gweltaz ar Fur, un a ddysgodd siarad Cymraeg heb fynychu'r un dosbarth erioed.

Wrth edrych yn ôl ar fy nhaith drwy Lydaw mae Kemper yn mynnu dod i flaen y cof gyda'r afon yn llifo'n ddioglyd rhwng siopau, caffis a thafarnau lliwgar, croesawgar. Mae Kemper yn fwy twt na Roazhon, yn llai ffurfiol na Sant Malo.

A chan fod O. M. Edwards a'i gydymaith Ifor Bowen mor hoff

o ganu clodydd prydferthwch merched Llydaw, fe wnaf innau
ganu clodydd merched Kemper. Welais i erioed ferched mwy
glandeg yn fy myw. Ac mae hynny'n gystal rheswm â'r un dros
fynd yn ôl. Ddim ond i'w hedmygu, wrth gwrs. Rwy'n rhy hen i
ddim byd arall.

O Fro'r Aberoedd
i Fro'r Winwns

Bro'r Aberoedd yw'r enw ar ardal yng ngogledd-orllewin Llydaw lle llifa dwy brif afon i'r môr yn Aber-Benoit ac Aber Wrac'h. Ardal yw hi o draethau unig, aberoedd tawel ac ychydig iawn o ddarpariaethau twristaidd.

Pentre bach wrth geg bae sy bron iawn yn llyn yw Aberwrac'h gyda chaeau gwyrddion yn ymestyn i lawr at y môr. Yma, yn ôl yr hanes, fe fyddai ffermwyr yn crogi lampau wrth gyrn eu gwartheg er mwyn denu llongau ar y creigiau. Erbyn hyn mae meithrin wystrys yn ffordd fwy gwaraidd o wneud bywoliaeth gan rai o'r bobol leol.

Mae'r ardal o fewn i'r rhan o Lydaw a adwaenir fel Bro Leon ac fe ges i gwmni dwy ferch, Odile Le Scao a Rozenn Milin, i'm tywys i o gwmpas. Roedd Odile wedi bod yn *assistante* yn Nhregaron ar ddiwedd y '60au ac yn honni iddi golli ei Chymraeg. 'Cymraeg cerrig calch sy gen i bellach,' meddai. Ond ar ôl ychydig o sgwrsio roedd yr iaith yn dychwelyd yn syndod o dda ac roedd hi'n bwriadu mynd ati i loywi ei Chymraeg.

Fe fu Rozenn, sy'n newyddiadurwraig a chyflwynydd radio a theledu ym Mharis, yn byw am gyfnod yn Llanuwchllyn, ac roedd tafodiaith ardal Penllyn yn drwch ar ei lleferydd.

Diolch i drefniadau Odile, fe gawsom fordaith o gwmpas y bae ac yna mewn cwch arall fe gawsom gwmni'r grŵp gwerin Gwalarn i'n diddanu.

Yng nghhartre Odile y gwnes i brofi *Kir Breton* am y tro cyntaf, diod hyfryd sy'n gymysgedd o seidir a Cassis, sef sudd cwrens duon.

Ac mae Llydaw yn lle da am seidir er bod ei safon a'i gryfder yn amrywio o ardal i ardal. Fe ddylwn hefyd gyfeirio at *chouchenn*, diod draddodiadol sy'n cyfateb i fedd. O'i flasu am y tro cyntaf cefais gryn sioc gan ei fod mor gyfoglyd o felys. Ond cefais gyngor gwerthfawr gan gwsmer mewn bar yn Roazhon i arllwys mesur o *chouchenn* ar ben hanner o lager – o gael ei wanhau felly, fe flasai'n llawer gwell.

Fe dreuliais brynhawn cyfan yng nghwmni Odile wrth iddi wibio yma ac acw yn ei char i ddangos y golygfeydd i mi. A gair o rybudd i'r neb fynn deithio gyda hi – gwnewch yn siŵr fod ffenest y car yn agor neu fe gewch eich mygu gan ei bod hi'n hoff iawn o smygu pib.

Rozenn fu'n fy nhywys weddill y daith ar hyd Bro Leon, a bu'n gwmni ardderchog. Fe'm harweiniodd yn gyntaf at faen hir Kerloas yn Plouarzel ger Brest, y mwyaf o'i fath sy'n dal ar ei draed. Safai'n dalog rhwng dau gae ŷd ond roedd hi'n amhosib gwerthfawrogi ei daldra o 12 metr heb sefyll yn ei ymyl. Fe arferai fod yn dalach fyth ond mae'n debyg i ran o'i frig gael ei golli wedi i fellten ei daro.

Ar waelod y maen sylwais fod dau lwmp, a damcaniaeth Rozenn oedd fod y maen yn symbol phalig. Roedd hi'n arferiad, mae'n debyg, i ddyn oedd am i'w wraig esgor ar fab rwbio'i hun un erbyn un o'r lympiau.

'Fe fyddai menywod yn rhwbio'u boliau yn erbyn y lwmp arall,' meddai Rozenn. 'Ond pwrpas gwahanol fyddai ganddyn nhw. Fe fydde nhw'n gwneud hynny er mwyn sicrhau mai nhw fyddai'r bòs yn y cartref.'

Fe wnes i roi cynnig arni drwy rwbio yn erbyn un lwmp ac fe wnaeth Rozenn yr un peth yr ochr arall. Hyd y gwn i, does gen i ddim ail fab. Wn i ddim beth fu tynged Rozenn. Gobeithio na wnaethom rwbio yn erbyn y lympiau anghywir!

O gysgod y maen hir fe arweiniodd Rozenn fi i Bendraw'r Byd, neu Penn ar Bed, yr enw ar benrhyn diddorol yn ardal Konk Leon sydd, gyda llaw, wedi gefeillio â Llandeilo. Yno ger Plougonvelin roedd adfeilion Mynachlog Sant Mathieu. A golygfa ryfedd oedd gweld goleudy wedi'i godi o fewn yr adfeilion. Y fynachlog, mae'n rhaid, yn darparu goleuni ysbrydol tra oedd y tŵr yn darparu goleuni mwy bydol, ond lawn mor bwysig i longwyr ar fôr sy'n medru bod yn stormus tu hwnt.

O deithio ymlaen ar hyd yr arfordir, dyma daro ar bentre oedd â chysylltiad, drwy Oes y Saint, â Chymru. Enw'r pentre oedd Lanildut, neu Lanilltud. Ac yno y gwelais i ddiwydiant tra annisgwyl, sef cynaeafu gwymon.

Bob dydd fe âi 26 o gychod bach allan rai milltiroedd i rwygo 500 tunnell o wymon yn ddyddiol o wely'r môr. Defnyddid dyfais ryfeddol i dynnu'r gwymon o'r dwfn, math ar ebill haearn, hir a oedd yn troi gan gasglu'r gwymon o'i gwmpas a'i godi i'r cwch. Yr enw ar y ddyfais, am ryw reswm anesboniadwy, oedd Scooby-Doo.

Ar ôl cyrraedd y porthladd, dadlwythid y gwymon o'r cychod i lorïau enfawr a'i gludo i'w drin mewn ffatrïoedd lleol cyn cael ei ddanfon bant ar gyfer y diwydiant coluron ac ar gyfer cynhyrchu gelatin.

Fe ddaeth fy nhaith yng nghwmni Rozenn i ben yn harbwr bychan Portsall. Ac wrth werthfawrogi'r traethau melyn o gwmpas a glesni dwfn y môr, roedd hi'n anodd credu mai yma, ychydig bellter o'r lan, y drylliwyd y llong dancer yr *Amoco Cadiz* yn 1978 gan lygru milltiroedd o'r môr a'r tir. Doedd dim ar ôl i atgoffa rhywun o'r drychineb ar wahân i angor anferth y llong sydd bellach yn gofadail ar y cei i'r dyddiau du hynny.

Y man galw nesaf oedd Landerne lle'n croesawyd gan y Maer, Jean-Pierre Thomin, yn Gymraeg. Ac roedd ei ysgrifenyddes, Anaig Le Coz, wedi dysgu Cymraeg tra oedd yn treulio cyfnod yn Aberystwyth. Roedd Anaig wrthi'n brysur yn paratoi ar gyfer ymweliad â Chaernarfon, gefeilldref Landerne, yr wythnos wedyn.

Prif hynodrwydd Landerne yw'r tai o'r Canol Oesoedd sy'n ffurfio rhan o'r bont dros afon Elorn. Tref a elwodd o'r diwydiant gwehyddu oedd Landerne, hynny a gwaith cynhyrchu brics. Ond erbyn hyn mae diwydiant arall yn gysylltiedig â'r dref.

Yno y sefydlodd Edouard Leclerc ei siop gyntaf. Erbyn hyn mae ganddo rwydwaith o archfarchnadoedd ledled Llydaw a Ffrainc, gynifer â 600 ohonynt. Ac yno yn Landerne y daeth lwc o'n plaid gan ddarparu cryn sgŵp i ni. Digwydd dweud, yn ysgafn, wnaeth Ioan wrth Anaig y buasai'n beth braf cael cyfarfod â M. Leclerc. Hanner awr yn ddiweddarach dyma Anaig, ar ôl bod yn ei swyddfa, yn cyhoeddi'n llawn cyffro fod y dyn ei hun yn barod i gyfarfod â ni.

Fe wahoddodd Leclerc ni i hen eglwys yn y dref a fu unwaith yn rhan o fynachlog, eglwys yr oedd ef ei hun wedi'i hadnewyddu ar gost anferth. Doedd y gŵr busnes ddim ar delerau da â'r Cyngor lleol wedi i hwnnw wrthod cymryd y safle oddi arno am gost nominal o un ffranc. Ateb Leclerc oedd ailgodi'r eglwys a'i llenwi â thrysorau Cristnogol o bob rhan o'r byd. Amcangyfrifir fod y trysorau'n werth tua £50 miliwn a ni oedd y rhai cyntaf, y tu allan i'w gylch o berthnasau a ffrindiau, i gael gweld y trysorau hynny.

Ond roedd y ddadl rhwng M. Leclerc a'r Cyngor wedi bod yn corddi ymhell cyn hynny pan ofynnodd am ganiatâd i godi siop newydd yn y dref. Fe wrthodwyd ei gais.

'Beth wnes i? Wel, codi archfarchnad ar gyrion y dref,' meddai. 'A nawr mae pawb yn siopa yno a does neb yn siopa yn y dref.'

Mae gwahanol archfarchnadoedd Leclerc, y mwyafrif ohonynt allan ar les, yn cyflogi cyfanswm o 70,000 o weithwyr. Caiff y rheiny 25 y cant o arbediad wrth brynu nwyddau yn siopau'r cwmni.

Y bore wedyn, wrth ffilmio yn archfarchnad Leclerc, dyma'i gyfarfod eto. Cariai lond ei gôl o dorthau o'i siop ei hun. Y tro hwn fe'n gwahoddodd i'w gartref, *châteauw* anferth ynghanol coedwig. A thra oeddem yn sipian siampên pinc fe gawsom ryddid i grwydro'r tŷ anferth a'r gerddi, lle'r oedd eglwys bersonol y teulu. Ac yma eto, fel yn yr hen abaty, roedd trysorau di-ri, pâr o lewod marmor o'r Eidal, masg aur gwraig Rameses II ac un o weithiau Gaugin yn hongian ar y wal. Diwrnod bythgofiadwy.

Yn ystod ein hymweliad â Landerne fe aeth Anaig â ni i'w char-tref mewn pentre bach cyfagos, Trelevenez, neu Dre'r Llawenydd.

Yno, mewn canolfan Gristnogol, y cawsom ginio, a dyna pryd yr adroddodd Anaig am ei phrofiad yn mynd ar Dro Breizh, arferiad sydd newydd ei adfer. Roedd hi'n aelod o griw a fu ar bererindod o 500 milltir o Kemper o amgylch y mannau cysegredig eraill ac yn ôl, taith a gymerodd 30 dydd. Ar hyd y daith buont yn canu 'Kantik ar Zeiz Sant', sef cân y saith sant. Y saith yw Malo, Brieg, Tudwal, Paol, Samson, Patern, neu Padarn, a Corentin, ac mae cynifer â phump o'r saith yn seintiau a aeth i Lydaw o Gymru.

O Gymru hefyd yr aeth y teulu Jenkins i geisio troi gwlad Gatholig yn wlad Anghydffurfiol. Y cyntaf i fynd draw ar ran y Bedyddwyr oedd John Jenkins, mab y Dr John Jenkins, Hengoed. Ym mis Ionawr 1996 fe ddathlwyd 150 mlwyddiant sefydlu capel John Jenkins yn Rue de Paris ym Montroulez, neu Morlaix.

Olynwyd John Jenkins gan Alfred Llewelyn Jenkins ac mae dis-gynyddion y teulu yn dal yn berchen ar bum tŷ ym mhentre An Diben. Ym meddiant y teulu o hyd mae'r ysgol a sefydlwyd i addysgu plant y cylch. Mae llyfrau'r cenhadwr i'w gweld yno heddiw. A gyferbyn â'r ysgol saif o hyd y dafarn y cyfeirid ati gan y cenhadon Anghydffurfiol fel Twll Uffern.

Fe'n gwahoddwyd ni draw i An Diben gan ddau o wyrion a gor-wyres Alfred Llywelyn Jenkins a'u teuluoedd. Yn yr hen ysgol roedd llun o Alfred Llewelyn Jenkins ar y wal ac roedd un o'i wyrion, Jean-Claude, yn edrych yr un ffunud ag e. Ond Jean-Claude oedd y cyntaf i gyfaddef nad oedd ef a'i daid yn debyg o ran cymeriad.

'Dyn da oedd e, ond rwy i'n ddyn drwg,' meddai, a gwên ddryg-ionus ar ei wyneb.

Draw yn Pempoull, neu Ben Pwll, fe wnaethom ymweld â chapel cenhadwr arall, Caradog Jones, gweinidog a gafodd gryn antur-iaethau gan gynnwys cael ei arestio gan yr Almaenwyr adeg y rhyfel. Roedd un nodwedd arbennig yn perthyn i'r capel bach. Roedd y fedyddfa, fel mewn amryw o gapeli'r Bedyddwyr, o dan y llawr yn union o flaen y pulpud. Ond i ddod allan o'r pwll fe fydd-ai'n rhaid cerdded o dan y pulpud a dringo grisiau oedd yn dod allan yn y festri y tu ôl i'r capel.

Capel y Cenhadon o Gymru, Montroulez (Morlaix).

Mae capel Caradog Jones, fel capel John Jenkins ym Montroulez, yn addoldy o hyd ond nid capel y Bedyddwyr yw'r naill na'r llall bellach.

Arwyddair Montroulez yw, 'Os gwnân nhw dy frathu di, bratha di nhw', sef chwarae ar ystyr lafar yr enw Ffrangeg Morlaix, ac mae'n arwyddair sy'n deillio o'r 16eg ganrif pan ymosododd milwyr a hwyliodd ar longau o Loeger ar y dre. Gyda'r mwyafrif o'r trigolion mewn gŵyl yn Gwengamp fe gymerodd y milwyr y dre gan feddwi'n gaib. Pan ddychwelodd y trigolion chawson nhw ddim trafferth i orchfygu'r milwyr chwil.

Wrth baratoi i deithio o Lannion i Montroulez fe rybuddiwyd O. M. Edwards ei fod e'n 'lle drwg, llawn o ferched meddwon, nid lle tawel duwiol fel Lannion'.

Tybed a oedd Bar Ty Coz yno bryd hynny? Rhaid oedd galw yn y dafarn Lydewig draddodiadol, yn arbennig ar ôl clywed Dafydd Dafis yn canu geiriau Iwan Llwyd:

Mi wn am dŷ ym Montroulez
A mwg coed tân yn llenwi'r lle
Merched glân yn yfed gwin
Ac ar eu min mae seithfed nef.

Roedd merched glân yno adeg ymweliad O. M. Ond doedd ei gydymaith, Ifor Bowen, ddim yn eu gweld nhw 'cyn dlysed â'r rhai welodd yn Lannion, gan fod eu crwyn yn dduach'.

Fe fyddai'n anodd iawn iddyn nhw fod yn fwy byrlymus na'r ferch wnaethon ni drefnu i'w chyfarfod yn Nhŷ Coz. Roedd Non Thomas wedi cymryd blwyddyn i ffwrdd o'i chwrs yn Aberystwyth i fynd i ddysgu yn ardal Montroulez ac wedi manteisio ar y cyfle i ymuno â thîm pêl-droed merched yn yr ardal.

Fel cefnogwr brwd pêl-droed fy hunan roedd hi'n naturiol i mi ofyn iddi beth oedd teimlad ei ffrindiau yn Llydaw tuag at Eric Cantona.

'Maen nhw'n meddwl ei fod e'n dipyn o ffŵl,' meddai.

Roedd gan Non ei harwr ei hun – nid Cantona oedd hwnnw ond yn hytrach John Hartson a arferai fod yn gyd-ddisgybl iddi.

'Rwy'n 'i gofio'n chware pêl-droed ar iard yr ysgol ac fe wnes i daclo John yn galed.'

Ar ôl gwylio Non yn ymarfer gyda rhai o'i chyd-chwaraewyr, roeddwn i'n falch na wnaeth hi fy nhaclo i. Fe fedrai hon ddysgu gwers i Vinnie Jones!

Gyda'm Tro Breizh personol i yn dod i ben, pa le gwell i wneud hynny nag ym man cychwyn Sioni Winwns? Erbyn hyn mae'r awdurdodau yn Rosko wedi cydnabod pwysigrwydd Sioni drwy agor amgueddfa fach ar y cei lle ceir hanes y gwerthwyr winwns, lluniau hanesyddol a ffilmiau fideo.

Roeddwn i wedi bod draw yn yr ardal tua saith mlynedd yn gynharach yn dilyn ôl traed y Sionis ac wedi canfod un oedd yn dal i siarad Cymraeg. Rhaid, felly, oedd galw draw yn Santec i weld Michel Olivier yn ei dyddyn bach.

Pymtheg oed oedd Michel pan ddaeth draw gyntaf gyda'i dad yn y '70au, ac er na fu yn ôl ers 1972 roedd ei Gymraeg yn rhyfeddol o rugl, Cymraeg wedi'i fritho â geiriau ac ymadroddion de Ceredigion.

Yn Adpar ger Castellnewydd Emlyn roedd canolfan Michel ond bu'n teithio ledled Ceredigion. Roedd e'n cofio'n dda y drafferth a gâi i werthu winwns i rai o ffermwyr ardal Tregaron.

'Os bydden nhw'n gwrthod prynu fe fyddwn i'n gadael pob gât ar agor. Roedden nhw'n siŵr o brynu'r tro nesa,' meddai.

Bellach does fawr ddim winwns yn cael eu tyfu yn yr ardal. Tatws coch a moron oedd yn tyfu yng nghae Michel.

'Does neb eisie winwns nawr. Ma'n nhw'n drewi gormod,' oedd ei sylw. Ac mae llai a llai o Sionis ar ôl bellach.

'Ma'r hen Sionis i gyd wedi mynd i'r ochor draw,' meddai gan ychwanegu gyda gwên lydan, 'Ti fydd nesa.'

'Fe awn ni gyda'n gilydd,' medde fi.

'Na,' medde Michel, 'mae hi'n neis iawn fan hyn.'

Roedd e yn llygad ei le. A chan nad ydw i'n barod i'r *Ankou* – ysbryd yr angau sy'n gymaint bwgan i'r Llydawyr – ddod i 'nghyrchu i yn ei gert, gobeithio y caf fynd yn ôl cyn hir.

Ac ar ôl tair taith drwy dair gwlad, mae'n rhaid dweud fy mod wedi newid fy meddwl i raddau. Ie, Iwerddon yw'r wlad orau o hyd. Ond erbyn hyn mae'r Alban a Llydaw yn closio'n agos iawn ati.

A beth sydd ar ôl? Wel, mae Manaw a Chernyw heb eu ffilmio. Ac fe fedrwn i, wrth gwrs, fynd yn ôl i Iwerddon … yn ôl i'r Alban … yn ôl i Lydaw. Mae digon o storïau ar ôl heb eu cyffwrdd. Ac mae gwadnau 'nhraed i'n dechre cosi.